Christoph Fechler · Rainer Liebold
Sunny spells – Occasional showers
Geschichten aus Irland

Christoph Fechler · Rainer Liebold

Sunny spells - Occasional showers

Geschichten aus Irland

CORNELIA GOETHE
LITERATURVERLAG
IM GROSSEN HIRSCHGRABEN ZU
FRANKFURT A/M

Ein Imprintverlag des Frankfurter Literaturverlags
Ein Unternehmen der Holding
FRANKFURTER VERLAGSGRUPPE
AKTIENGESELLSCHAFT AUGUST VON GOETHE
In der Straße des Goethehauses/Großer Hirschgraben 15
D-60311 Frankfurt a/M
Tel. 069-40-894-0 ❋ Fax 069-40-894-194

www.cornelia-goethe-verlag.de
www.haensel-hohenhausen.de
www.fouque-verlag.de
www.ixlibris.de

Die Deutsche Bibliothek – CIP-Einheitsaufnahme
Ein Titeldatensatz für diese Publikation ist bei
der Deutschen Bibliothek erhältlich.

Satz und Lektorat: Margarete Worm
Illustrationen: Rainer Liebold
ISBN 3-8267-5369-0
1. Auflage 2003
2. überarbeitete Auflage
3. Auflage 2005
4. Auflage 2007

Die Autoren des Verlags unterstützen das Albert-Schweitzer-Kinderdorf in Hessen e.V., das verlassenen Kindern ein Zuhause gibt.
Wenn Sie sich als Leser an dieser Förderung beteiligen möchten, überweisen Sie bitte einen – auch gern geringen – Beitrag an die Sparkasse Hanau, Kto. 19380, BLZ 506 500 23, mit dem Stichwort „Literatur verbindet". Die Autoren und der Verlag danken Ihnen dafür!

Printed in Germany

Vorwort

„Sunny spells – occasional showers“, also „Mal Sonne – mal Regen“ ist mit Sicherheit der am häufigsten verwendete Satz im irischen Wetterbericht. Er trifft die Besonderheit des irischen Wetters in aller Kürze so genau, daß dem nichts mehr hinzuzufügen ist. Alles andere sind lediglich meteorologische Wortspiele, um die Sendezeit zu füllen und die Bedeutung der meteorologischen Abteilung zu unterstreichen. Sie tragen nichts wesentlich neues zum Thema bei und wirken nur störend und irritierend. Der Wetterbericht morgens um fünf Minuten vor acht sagt übrigens niemals „sunny spells and occasional showers“, sondern setzt an die Stelle des „and“ einen unüberhörbaren Gedankenstrich dadurch, daß die Stimme des Meteorologen bei „spells“ melodisch nach oben ansteigt, also quasi der Sonne entgegen, dort kurz verharrt, um dann tonleiterartig nach unten zu fallen, – genau so, wie das der Regen ja auch tut. Dieser phonetische Gedankenstrich zwischen „sunny spells“ und „occasional showers“ hat eine überaus wichtige Funktion. Er zeigt auf irisch präzise Weise jedermann an, daß das ganze zwar durchaus so sein könnte, daß es aber nicht unbedingt auch so sein muß. Die beiden – Sonne und Regen – können also, je nach Tagesform, sowohl jeder für sich allein das Geschehen auf der irischen Wetterbühne bestimmen, können aber auch im Duett miteinander und im fließenden Rollenwechsel auftreten. Und damit kann ein jeder hier in Irland sehr gut leben, und die Wetterfrösche brauchen sich nicht am anderen Tag betrübt zu entschuldigen, daß sie wieder einmal voll daneben vorausgesagt haben. Sie haben immer recht und ihr Angestelltendasein ist somit auf einer soliden Basis errichtet. Diese vier Wörter geben aber nicht nur das irische Wetter treffend an, sondern sind gleichzeitig auch der genaue Lagebericht über die ganze irische Nation von County Cork und Kerry im Süden bis hinauf zum County Donegal und schließen Bevölkerungsstatistik, Preisentwicklung und Bruttosozialprodukt voll mit ein. Im erweiterten Sinne bestimmen „sunny spells – occasional showers“ sogar auch das Leben eines Nichtiren auf der grünen Insel. Mal scheint ihm die Sonne, weil der Klempner tatsächlich gekommen ist, und mal fällt ein bißchen Regen, weil er dann mitteilt, daß er für die Reparatur ein bestimmtes Ersatzteil braucht, und das dauert eine Woche. Aber im Gegensatz zu Deutschland empfindet man diese spirituellen Regenschauer – nach einer Zeit der Eingewöhnung – eigentlich gar nicht mehr so schlimm und gewinnt ihnen manchmal sogar eine gewisse Sympathie ab, da sie auf jeden Fall immer menschlich verständlich und irgendwie liebenswert sind. Wir beschweren uns nicht, wie in Deutschland, – was hier ohnehin nichts bewirken würde, – sondern wir lächeln freundlich und matt. – Well, that's Ireland. –

Wir besuchen jetzt schon seit dreißig Jahren die irische Insel und alle hier erzählten Geschichten entsprechen der Wahrheit. Nur weniges wurde geringfügig verändert, ohne je den Wahrheitsgehalt der Geschichte zu beeinflussen. Es wäre auch höchst töricht und unwirtschaftlich für einen Skribenten, sich in Irland an einen Poetentisch zu setzen, um sich Geschichten einfallen zu lassen, wo doch gleich nebenan im Bad bei der Reparatur der Warmwasserzufuhr Dinge passieren, die der grübelnde Dichter nur niederzuschreiben braucht. Man kann solche Geschichten aber weder erkennen noch schreiben, wenn man dieses Land nicht von ganzem Herzen liebt. Wir lieben Irland. Wir lieben seine Menschen, seine Berge, Seen und Flüsse und seine leuchtend gelben Stechginsterhänge, die blühenden Rhododendrenwälder und die purpurroten Fuchsienhecken mit den bunten Schmetterlingen darauf. Wir lieben seine sandigen und felsigen Küsten, auf die der Atlantik seine Wogen ungehindert aus fünftausend Kilometer Entfernung anrollen läßt, und wir lieben die Regenbögen, die es stets kostenlos dazugibt, wenn nach den „sunny spells“, – so sicher wie das Amen in der Kirche, – der nächste „occasional shower“ mild und sanft wie ein Feenschleier herniederschwebt.

Daß ich diese Geschichten niedergeschrieben habe, verdanke ich Rasmus, der hartnäckig darauf bestanden hat, sie interessierten Lesern zugänglich zu machen. Mein Dank geht auch an Henny, die stimulierend und redigierend über allem schwebte und an Gerda, die diese Texte am Computer bearbeitete und auf eine Diskette bannte.

Der Hauskauf — … fragen Sie Ihren Arzt oder Apotheker

Nach eingehender Analyse und Auswertung aller gemachten Erfahrungen mit mir hatte meine Frau entschieden, daß man mit mir während der Ferien nicht in einem Hotel wohnen könne, da ich trotz einiger Bemühungen dennoch stets, und auch nach der Dusche und im Ausgehanzug, entweder nach Fisch oder nach Diesel rieche. Erschwerend für sie kam noch hinzu, daß ich in meiner bevorzugten Normalkleidung nicht einmal den Ansprüchen eines zweisternigen Gästehauses genügte. Ich konnte und wollte dem auch nicht widersprechen; und also machten wir uns daran, unsere potentiellen Mitgäste zu verschonen und uns ein eigenes Haus zu kaufen. Es gelang mir dabei sogar der psychologische Doppelpaß, der darin bestand, daß meine Frau dies als einen Sieg ihrer weiblichen Überredungskunst wertete, so daß ich – gramgebeugt – auch noch eine Bedingung daran knüpfen konnte. Die Bedingung war: Das Haus sollte in einem Land liegen, wo man in deutscher oder englischer Sprache kommunizieren konnte und zurecht kam, und es sollte, – und das war der eigentliche Kern der Bedingung – es sollte dicht am Wasser liegen, – und zwar am Salzwasser – nicht am Süßwasser.

Wie Sie vielleicht schon ahnen, liebe ich die Fischerei; und da ist der mögliche Fang von Dorschen, Lengfischen und Makrelen natürlich weitaus verlockender, als der Fang eines Rotauges von 12,5 cm Länge oder eines Brassen, der auch noch über unzählige Gräten verfügt. Die erstgenannte Kategorie fängt man nun mal nur im Salzwasser. Bei der Suche nach dem Fischerhaus „summa cum laude“ entfielen von vornherein alle südeuropäischen Länder. Dies nicht nur wegen der schrecklich vielen langweiligen Sonnentage mit Wolkenverbot, die pures Gift nicht nur für die Haut, sondern auch für die Fischerei sind. Sie entfielen auch, weil das mare nostrum seit Jahrzehnten ungehindert Tribut zollt an die mediterrane Küche und somit das Mittelmeer den Zustand der garantiert fischfreien Zone ansteuert. Also dominierte von Anfang an bei dieser Haussuche der Nordgermane in uns. In Dänemark und Schweden bekam man damals als Ausländer keine Kaufgenehmigung für ein Haus; und Norwegen – vom Standpunkt der Fischerei her gesehen sicherlich das interessanteste und vielversprechendste Land – wurde schweren Herzens deshalb von der Liste gestrichen, weil es nun mal in Trondjem, oder dort, wo wir gerne hin wollten, schon im September dunkel wird und der lange Winter beginnt, und weil kein Mensch deutsch oder englisch spricht, von den drei größeren Städten einmal abgesehen. Und nur wegen der Dorsche und Rotbarsche norwegisch zu lernen, das wollten wir uns dann doch nicht antun.

Also blieben noch Schottland, Wales und Irland. Nach analytisch angelegten Testreisen siegte schließlich die grüne Insel mit Abstand vor Schottland und Wales. Die entscheidenden Kriterien hierbei waren die überaus herzliche und sympathische Art der Iren und ihre sehr wohltuende große Freundlichkeit gegenüber allen Deutschen. Das waren wir seit Kriegsende nicht mehr gewohnt im Ausland. Hier mußten wir uns nicht permanent bemühen, demütig zu sein und wiedergutzumachen, – hier waren wir gut, – auf jeden Fall nicht schlechter als alle anderen auch. Das war etwas, was wir am Anfang gar nicht fassen konnten. Diese überaus große Freundschaft der Iren zu Deutschland und zu den Deutschen. Es war nicht die wirtschaftlich motivierte „Marshallplan-Freundlichkeit“ und auch nicht die von der Politik geforderte „Ich bin ein Berliner-Zuneigung“. Nein, das hier war eine ehrliche Freundschaft von Mensch zu Mensch ohne alle Absichten oder Hintergedanken. – Danke Irland! – Du hast uns damit sehr geholfen.

Die Suche nach dem richtigen Haus ist schon in Deutschland kompliziert. In Irland ist sie zusätzlich noch abenteuerlich und spannend und steckt voller nie geahnter Überraschungen. Wir lernten rasch auf dem Immobilienmarkt: „Needs some repair“ hieß zum Beispiel auf deutsch: „Es handelt sich hier um ein Haus, das dem baulichen Zustand einer Ruine sehr, sehr nahe ist.“ Und „seaview possible“ sagte aus, daß man das Haus entweder aufstocken mußte, um einen Zipfel des Atlantiks zu erhaschen, oder daß man mit dem Einverständnis aller Landbesitzer eine eigene Seaview-Schneise durch das solide verwachsene Unterholz in Richtung Wasser schlagen ließ. Gott sei Dank hatten wir von Anfang an ausgemacht, daß wir, komme was da kommen mag, alles von der sportlichen Seite angehen wollten mit einem zusätzlichen Schuß von Humor. Beides, wie die Zukunft zeigte, sollten wir im Überfluß benötigen. Wir hatten reichlich Gelegenheit zu unikaten Hinderniswanderungen und zu Ausflügen, um die Flora und Fauna Irlands kennen zu lernen.

Manche Haussuche und Begehung war dabei so faszinierend und anrührend, daß man fast vergaß, weswegen man gekommen war. Ein kleines, hübsches altes Cottage wurde uns vom Makler aufgeschlossen, in dem alles noch so war, wie die beiden Schwestern es verlassen hatten, als sie kurz nacheinander hochbetagt starben. Der Tisch war gedeckt mit zwei Tellern und dem Eßbesteck dazu. In der Mitte stand eine Porzellanschüssel mit Pellkartoffeln, daneben eine halb heruntergebrannte Kerze, und daneben die aufgeschlagene Bibel mit einer schmalen Lesebrille. Zwei vertrocknete Hortensienblüten schauten – immer noch schön – aus ihrer Waterford-Kristallvase, und über dem Kamin hingen mehrere etwas vergilbte Familienfotos, die ernst und würdevoll auf Wäschestücke herab sahen, die dort offensichtlich zum Trocknen aufgehängt waren. Diese Wäschestücke erinnerten mich sofort an das Stück „Arsen und Spitzenhäubchen". Auch im Nebenraum, im bedroom, war die Zeit stehen geblieben. Die Zeiger der großen Standuhr mit dem Glockenschlag von Big Ben standen auf zwölf Minuten nach zehn Uhr. Die Betten waren aufgeschlagen und bereit, ihre Funktion als Gute-Nacht-Lieferant zu erfüllen. Unter dem Bett stand ein voluminöses Nachtgeschirr aus rosafarbener Keramik mit blauen und gelben Blumen darauf. Ich hege noch heute die stille Hoffnung, daß es leer war. Und da drängt sich noch ein Gedanke auf. Die ganze Szenerie ähnelte auch dem Märchen von Dornröschen, nur daß es sich hier nicht um eine junge, hübsche Prinzessin handelte, die wachgeküßt werden mußte, sondern um zwei alte Damen von neunzig und zweiundneunzig

Der Hauskauf „Needs some repair"

Jahren, die es vorgezogen hatten, ihren irdischen Wohnplatz zu verlassen, um eine halbe Meile weiter westlich auf dem kleinen Friedhof eine dauerhafte Ruhestätte aufzusuchen, und daß es kein schöner Prinz war, der ins Gemach eintrat, sondern ein sehr irischer Makler und ein vollkommen unmärchenhaft gekleideter Angler aus Deutschland auf der Suche nach einem Haus am Wasser. Es hätte in diesem Moment keinen von uns gewundert, wenn plötzlich ein Theatergong ertönt und ein Vorhang aufgegangen wäre, damit die beiden alten Damen, – nach der wohlverdienten Pause – erneut die Bühne betreten, um ihr spannendes und amüsantes Stück fortzusetzen.

Nach diesem Erlebnis, so fanden wir übereinstimmend, hatten wir einen Drink verdient, und so zogen wir in den „Horse shoe". Dort stießen wir bei den unvermeidbaren Gesprächen mit den anwesenden Thekenbrüdern auch auf zwei alte Bekannte der beiden verstorbenen Damen. Sie erzählten uns detailliert die Lebensgeschichten der zwei alten Mahony-Jungfern und betonten dabei immer wieder das gesegnete und hohe Alter, das sie erreicht hatten. „They lived to a great age", wie sie es formulierten. Sie artikulierten dieses „great age" so bedeutungsvoll und melodramatisch, daß auch in mir der Wunsch erwachte, einen wesentlichen Gesprächsbeitrag zu leisten, einen, der über die alltäglichen, kleinen Gedankenbahnen bei Gesprächen im Pub hinausging, und zwar hier und heute. Ich raffte also all mein philosophisch-physikalisches Bruchstückwissen zusammen und begann mit einer Kurzvorlesung, die mir Dank des nunmehr dritten Guinness zu meinem großen Erstaunen auch relativ glatt und flüssig über die Lippen kam. „Great age", so hub ich an, sei doch ein sehr relativer Begriff, der zwar stimme, aber eben auch wieder nicht stimme. Für unseren kleinen, menschlichen Ameisenverstand sei ein Alter von zweiundneunzig Jahren zwar ein Zustand, den man mit „great age" bezeichnen könne. In Relation zum Kosmos allerdings und hochgerechnet auf das ganze verursachten diese zweiundneunzig Jahre noch nicht einmal das leiseste Zucken auf dem Sekundenzeiger der großen Himmelsuhr. Das sei, so schloß ich, zwar ein wenig deprimierend, aber auf der anderen Seite auch wieder durchaus tröstlich und beruhigend. Und damit wandte ich mich – erschöpft von meinem Weltraumausflug – wieder den irdischen Dingen zu, die da dunkel und mit verlockendem Schaum wohl abgefüllt in großen Gläsern vor mir standen. Auf den Gläsern stand „Guinnes is good for you". Keiner von uns hatte daran den geringsten Zweifel.

Stille trat ein. Meine drei irischen Mit-Bar-Hocker schauten mich ob dieser metaphysischen Gedankengänge erstaunt und auch ein wenig ratlos an. Dann nahmen sie nahezu gleichzeitig einen tiefen Schluck und schließlich sagte einer von ihnen ein paar Worte zu mir, die in ihrer Bedeutung und Tragweite für mich in etwa den gleichen Wert hatten, wie die Verleihung des Nobelpreises für Literatur. Er sagte doch tatsächlich: „You must have kissed the stone of Blarney" – also: „Du mußt den Stein von Blarney geküsst haben." Das sagt man in Irland nur jemandem, der sehr redegewandt ist und treffsicher mit den Worten umzugehen weiß, – eine Begabung, die hier von alters her allerhöchste Beachtung und Anerkennung genießt. Zu einem Fremden sagt man es eigentlich gar nicht. Noch heute fahren alljährlich Tausende zum Blarney Castle im County Cork, um dort unter Aufbietung aller körperlichen Kraft und Geschicklichkeit den Stein der Beredsamkeit zu küssen, der von außen – und schwierig erreichbar – in die Schloßmauer eingelassen ist. Ich muß gestehen, daß ich an diesem Abend mächtig stolz war, und daß ich, soweit ich mich erinnern kann, wenigstens drei Runden spendiert habe. Aber was sind schon drei Runden Guinness für den so geschichtsträchtigen Orden der irischen Beredsamkeit.

An einem Freitagvormittag, ich glaube, es war das nunmehr zwölfte Haus, wurden wir fündig. Wir hatten für diesen Tag zwei Häuser auf unserem Terminplan, und das erste davon gehörte nicht nur der Kategorie „needs some repair" an, sondern gleichzeitig auch noch der ebenfalls beliebten Kategorie „Nobody here". Der Besitzer und Verkäufer war einfach nicht erschienen, nicht zum festgesetzten Termin und auch nicht eine Stunde später, was in Irland noch unter „superpünktlich" fällt. Als wir uns in unserer Greenhornzeit einmal bei einem alten irischen Freund über diese permanente Unpünktlichkeit beklagten, meinte er nur, halb mitfühlend und halb erstaunt: „Since when are you living in this country?“ – „Seit wann lebst du denn in diesem Land?“ Damit war alles gesagt, und seitdem war Pünktlichkeit auch kein Thema mehr bei uns. Wir wissen jetzt, daß zum Beispiel die Ankündigung für eine Festveranstaltung „Begin Sunday 20th August 8 p.m. sharply“, also „Sonntag, acht Uhr abends genau“ lediglich zu der Hoffnung berechtigt, daß die Veranstaltung auch wirklich am Sonntag stattfindet. Die Angabe der Uhrzeit ist eine rein formelle Floskel, die keinerlei Bedeutung hat und die deshalb auch niemand ernst nimmt. Wir jetzt auch nicht mehr.

Beim zweiten Haus des Tages war alles anders. Der Besitzer, ein Mister Walton, war nicht nur Engländer, sondern er war auch anwesend, und wir wußten eigentlich schon beim ersten Anblick des weißen Hauses hinter der dicken, blühenden Fuchsienhecke: Das ist unser Haus! – Mister Walton lebte mit seiner Familie in Dublin. Da seine Frau, eine echte Britin, das Leben hier auf dem Lande im County Kerry todlangweilig und disgusting fand, blieb dem sogenannten Herrn des Hauses nichts weiter übrig, als klein bei zu geben und das Feld – oder besser gesagt, seinen geliebten Garten – zu räumen. Er tat das nicht gerne, aber später, als wir seine Frau kennengelernt hatten, wußten wir, daß er in diesem Kampf keinerlei Chance hatte. Während seine Frau schlief, – „she sleeps like a rock“ – zeigte er uns im Flüsterton und mit ängstlichen Bewegungen, damit der „rock“ nicht gestört wurde, das Haus und den Garten. Er war ein begeisterter Gärtner und hatte tatsächlich dem nicht gerade florafreundlichen Boden von Kerry einige Pflanzen, Büsche und Bäume abgerungen, die dem Anwesen sehr gut bekamen und es beinahe zu einer Idylle werden ließen. Was mich am meisten begeisterte, war die etwa vierzig Meter lange und anderthalb Meter hohe Fuchsienhecke, die in voller Blüte stand und das Grundstück zur kleinen Straße hin perfekt und uneinsehbar abschirmte.

Es war ein wolkenverhangener Tag mit leichtem Nieselregen, dem berühmten „soft rain“, und ich kann nur jedem potentiellen

Haus- und Grundstückskäufer raten, sein neues Haus niemals bei schönem Wetter zu kaufen. Das schöne Wetter ist der raffiniert stille Teilhaber aller Makler, und es lügt rücksichtslos in seinem Interesse und macht das Haus zu einem hübschen und doch recht ansehnlichen jungen Mädchen, das aber dann, wenn man es an einem Regentag en natur und abgeschminkt betrachtet, häufig genug die bange Frage aufkommen läßt: „Wie, um Himmels willen, konntest du dich in so etwas verlieben und wo hast du bloß deine Augen gehabt?" Das wird einem nie passieren, wenn man das Haus zusammen mit Regen kauft, der erbarmungslos auch den leisesten Ansatz von Schönfärberei mit seinem unbestechlich grauen Mantel zudeckt.

Über den Preis wurden wir uns – wenn auch immer noch im Flüsterton – rasch einig. Wir kauften das Haus, so wie es war, mit aller Inneneinrichtung, bis auf ein paar persönliche Dinge, und mit allen Werkzeugen und Gartengeräten in der Garage und mit Paddy – Paddy, dem Caretaker. Er gehörte zum festen Bestandteil des Inventars, und wir waren froh, daß wir mit Paddy, den wir bis jetzt noch nicht gesehen hatten, jemanden hatten, der sich genau in Haus und Garten auskennt, und der uns mit Rat und Tat zur Seite steht. Zugegeben: Wir waren blauäugig, aber wir waren es frohen Herzens, und trotz aller folgenden Krisen und Katastrophen werden wir es auch weiterhin bleiben. Wir bereuen also unsere Blauäugigkeit keinesfalls und sind letztlich – unterm Strich – eigentlich gar nicht so schlecht damit in diesem rätselreichen und immer noch verzaubertem Land gefahren. Unser neues Haus hatte vieles von dem, was wir uns erträumt hatten, aber auch einiges, was völlig anders war. Es lag – unübersehbar – in einhundert Meter Entfernung vom Atlantik. Ja, es lag sogar unüberhörbar am Atlantik, denn wir konnten nicht nur bei Sturm das Geräusch der aufklatschenden Wellen hören, sondern auch die Möwen und die Austernfischer und das heisere Bellen der zahlreichen Robben, die sich bei Niedrigwasser auf den sonnenbeschienenen Felsen versammelten, um sich ihr Fell aufzuwärmen und friedlich zu dösen, bis die nächste Flut sie wieder nach etwas mehr als sechs Stunden mit großer Pünktlichkeit herunterspülte und ins Meer zurückholte.

Unser Haus war kein Cottage, kein altes, kleines und weißgetünchtes Bauernhaus mit einem torfrauchenden Kamin auf dem Strohdach und umgeben von einem Garten voller Hortensien, Küchenschellen und Löwenmäulchen mit einem Irland demonstrierenden Esel vor der zweigeteilten Klöntür, sondern es war ein Bungalow, wie die Einheimischen dazu sagen, also ein richtiges und festgemauertes, einstöckiges Haus aus großen Blocksteinen. Es hatte ein großes Wohnzimmer mit Kamin, drei Schlafzimmer und dann noch Küche und Bad und einen kleinen Vorratsraum, den storeroom. Auch bei der Grundstücksgröße wurden wir nach oben aufgerundet. Statt der eintausendfünfhundert Quadratmeter, die so ungefähr jeder bausparende Deutsche laut Wüstenrot und Schwäbisch Hall als Idealgröße für sein Eigenheim anvisiert, landeten wir plötzlich und eigentlich ganz ohne unser Zutun bei achtzehn acres. Erst nach Vertragsunterzeichnung haben wir uns dann einmal die Mühe gemacht, unter Hinzuziehung aller vorhandenen deutschen und englischen Lexika, herauszufinden, wie groß denn so etwas in natura sein könnte. Das Ergebnis, von uns beiden mehrfach überprüft und nachgerechnet, gab uns die uneingeschränkte Berechtigung zur Inanspruchnahme eines doppelten Whiskeys für mich und eines Gin-Tonics für meine Frau.

18 irische acres, das waren 18 mal 4.046,86 Quadratmeter, also 72.837 Quadratmeter insgesamt. Eine kleine Insel, die vor dem Grundstück lag und zu der man bei Ebbe hinüberlaufen konnte, bekamen wir zur Vermeidung von Schwierigkeiten noch kostenlos dazu. Da die Insel durch den Gezeitenunterschied von mehr als vier Metern bei Flut nur halb so groß war, wie bei Ebbe, wollte sich unser Vertragspartner vor dieser höchst komplizierten und wasserstandsabhängigen Größenberechnung drücken. „It's easier, we have a pint, – es ist leichter, wenn wir einen Drink nehmen."

Ich hatte keinerlei Einwände.

Für Anfänger in Sachen Hauskauf in Irland sei hier noch einmal ausdrücklich vermerkt, daß es die deutsche Traumvorstellung vom irischen Cottage auf eintausendfünfhundert Quadratmeter Land mit Gärtchen und Seeblick schlichtweg nicht gibt. Sie finden es, – außer auf Postkarten – nirgends. Bei keinem der für uns so romantischen und hübschen alten irischen Bauernhäuser haben die Erbauer auch nur den geringsten Wert darauf gelegt, Seeblick zu haben. Im Gegenteil. Sie haben größten Wert darauf gelegt, keinen „seaview" zu haben. Je weniger man von der See zu sehen bekam und je weiter sie vom Cottage weg war, um so besser. Wonach man suchte, war ein „sheltered place", ein geschützter Platz, an dem einem nicht der nächste Südwest mit Windstärke neun oder zehn das Dach zerzauste und wo man nicht dauernd darauf achten mußte, daß einem der Sturm nicht die Wäsche und die Hühner hinüber ins Nachbardorf blies und die Fensterscheiben eindrückte. Nein, „seaview" war nichts für die irischen Bauern. Diese nahezu epidemische Gier nach Seeblick ist ausschließlich der Neuzeit zuzuschreiben, genauer gesagt, dem Tourismus, und der ist eine der größten Einnahmequellen für die irische Insel und ihre Bewohner. Die Iren selbst haben so gut wie kein Verhältnis zur See, die sie rundherum umgibt und von der man nirgendwo in Irland mehr als neunzig Kilometer entfernt ist. Im Gegensatz zu ihren britischen Nachbarn, die alles aus ihrer Seelage gemacht und sie jahrhundertelang zu ihrem Vorteil genutzt haben, war für die Iren die See niemals ein Freund, eher schon ein Feind, der gierig an den Küsten leckte und viele der Fischer in ihren kleinen Booten, den Carraghs, auf immer zu sich holte.

Man respektiert die See, aber man fürchtet sie eher, als daß man sie liebt und möchte am besten gar nichts mit ihr zu tun haben. So können auch heute nur wenige der älteren Iren schwimmen, und von denen, die zur See fahren oder fuhren, die wenigsten.

„Schwimmen können", das war ja bereits der Beginn des Verderbens, und wer sich einmal mit dem Teufel oder dem Atlantik einläßt, der ist verloren. Also lieber Nichtschwimmer bleiben und als treuer Katholik auf die Mutter Maria und die Schutzheiligen vertrauen und notfalls eben aufrechten irischen Herzens und ohne Zugeständnis an die See in ihr untergehen. Der Tod war in Irland noch niemals ein Gast, vor dem man sich sonderlich fürchtete, er war allgegenwärtig und man war miteinander vertraut. Auch die meisten der Fischer leben heute noch nach diesem Grundsatz und können nicht schwimmen. Es sind erstaunlich viele, die immer noch putzmunter am Leben, Fischen und Trinken sind. Also, irgendwie muß doch etwas dran sein, an dieser Theorie.

Der Notar — Justitia mit menschlichem Antlitz

Eine Woche nach dem Kauf des Hauses – einschließlich Erwerb einer Insel auf Naturalienbasis durch ein paar Pints im Pub – sollten wir beim Notar in Kenmare sein, um den amtlichen Kaufvertrag zu unterzeichnen. Kenmare ist ein hübsches und gemütlich-buntes Städtchen, zwanzig Autominuten von uns entfernt, falls keine Kühe über die Straße ihrer nächsten Weide entgegentraben, und der dazugehörige Farmer in seinem alten Opel gemächlich hinter den Milchquellen her fährt und dabei den „Kerryman" liest, – das all- und alleswissende County Blatt des Kingdom of Kerry. Der Notar „lives at Mainstreet, left hand side".

Da es in Irland fast nirgends irgendwelche Hausnummern gibt, was uns manchmal schon zu stundenlanger Suche und zur Verzweiflung brachte, war dies eine äußerst präzise Auskunft, und man konnte damit eigentlich nicht fehlgehen. Einer alten deutschen Gewohnheit – und dem dringenden Rat meiner Frau folgend – wechselte ich, obrigkeitsdevot, Hemd und Hose und ersetzte meine alte Wind-Sonne-und-Regenschlapperjacke durch ein viel zu dickes Edeltextil der Marke „Harris Tweed", deren Duft nach Mottenkugeln unüberriechbar Auskunft darüber gab, daß dieses teure Prachtstück nur selten von den angewiderten Motten entfernt wurde, um bei einem wichtigen und außergewöhnlichen Einsatz behilflich zu sein, – diesmal also in Sachen notarieller Kaufvertrag. So ausgestattet schritten wir also die „Mainstreet left hand side" ab, auf der Suche nach Thomas P. O'Connor, so hieß unser Notar.

Die Mainstreet ist einhundertfünfzig Meter lang und besteht aus etwa fünfunddreißig Häusern. Diese sind von so unterschiedlicher Größe, Bauart und vor allem Farbe, daß man glaubt, man geht in einem Spielzeugdorf spazieren, und gleich fragt die Verkäuferin, welches Häuschen sie denn für uns einpacken solle. Im stechginstergelben Haus ist ein Wollgeschäft, im blauen ist der Family-butcher,

– der Schlachter –, im pinkfarbenen ist „Ryans Pub“ und im grünen, das früher mal braun war, ist ein Souvenirladen mit einer Sonderekke für Angelbedarf. Und da sind dann noch das Restaurant „Purple Heather“, ein lila Gemüseladen und in dem orangefarbenen Haus mit den schwarzen Fensterbänken ist ein kombiniertes Geschäft für Wein, Whiskey und Bier auf der einen und für Beerdigungsbedarf auf der anderen Seite. „Spirits and Undertaker“ nennt sich der Laden, in dem man eigentlich alles wichtige bekommt, was man im Leben so braucht. Redlich aufgeteilt hat jede Branche ein ganzes und großes Schaufenster zur Verfügung, um ihr Angebot verlockend zu demonstrieren.

Links sind also „Tullamore“, „Paddy“, „Jameson“ und „Guinness“ mit ihren ähnlich hochprozentigen Kollegen untergebracht. Rechts hingegen hat man das mühsame irdische Dasein und den darüber hinweg tröstenden Pub weit hinter sich gelassen und befindet sich innerlich und äußerlich gereinigt und weißgewandet mit Flügeln entweder bereits im Himmel, oder aber doch dicht davor. Auf jeden Fall gibt es hier alles, was den Eintritt in denselben erleichtert. Plastikbehälter in allen Größen gefüllt mit bunten Plastikblumen – wind- und wetterfest – in jeder Preisklasse. Sie erinnern an durchsichtige Maulwurfshügel und sind, um den zu knappen Displayplatz im Schaufenster voll zu nutzen, aufeinander gestapelt. Das nimmt zwar etwas von der überirdisch orientierten Würde und Ausstrahlung der seelsorgenden Behälter, schafft aber Raum für weitere Produkte, an deren Abverkauf der Undertaker interessiert ist. Da gibt es noch einen Maulwurfshügel de Luxe, der nur versilberte Lorbeerblätter und Plastikrosen enthält. Wegen seines hohen Preises konnte er einer Hochstapelung entgehen und hat ein eigenes kleines Schaufenstergrundstück. Und dann gibt es Marien- und Heiligenbilder in allen Farben und Größen, und Kreuze, – freitragend zum in die Erde stecken, oder aber doch wieder, – wegen des irischen Regens – unter einer zuverlässigen Plastikglocke. Besonders gut gefällt mir eine Maria im blau-weißen Gewand mit einem golden strahlenden Heiligenschein um den Kopf, die sich verzweifelt bemüht, ihr schönes Disney-Land-Gesicht aus einem wuchernden Meer von Plastikgemüse herausschauen zu lassen. So etwas kostet aber auch zwei Pfund mehr.

Trotz allem, oder gerade deswegen, rührt uns dieses Fenster doch auch sehr an, und ich glaube nicht, daß wir diesem Ausdruck von tief empfundenen Gefühlen etwas ähnliches oder gar gleichwertiges entgegenzusetzen haben. Mit dem uns allen so geläufigen Wort „Kitsch“ kann man es auf jeden Fall nicht abtun. Als wir die „Mainstreet left hand side“ zum zweiten Mal ohne Ergebnis durchforscht hatten, hielten wir inne und überdachten die von uns angewandte Taktik bei der Suche nach Thomas P. O'Connor noch einmal.

Als Produkt zentraleuropäischer Herkunft und Erfahrung hatten wir bisher Ausschau gehalten nach einem auf Hochglanz poliertem Messingschild, dessen äußerer Eindruck dem Klienten bereits eine Vorstellung darüber vermittelt, was für eine wichtige Institution er im Begriffe ist zu betreten, und mit welch adäquatem Honorar er in etwa zu rechnen hat. Hier aber gab es kein blankpoliertes Messingschild und auch kein Emailleschild. Hier gab es nicht einmal, – in Irland sehr beliebt, – ein per Heftzwecke angebrachtes Stück Papier oder eine verwelkte Visitenkarte. Hier gab es gar nichts. Es gab nur fünfunddreißig schöne, bunte Häuser ohne Hausnummern und ohne jeden Hinweis auf das Versteck eines Notars. Also schauten wir beim dritten Kontrollgang noch genauer hin und schalteten – höchst empfehlenswert für fast alle Lebenslagen in Irland – auf Intuition. Der Schlachter entfiel, der Wollladen auch und ebenso das Souvenirgeschäft in grün und der spirituosenumgebene Beerdigungsunternehmer. Wir konzentrierten uns also auf den Rest der Häuser und entdeckten, daß „Ryans Pub“ jetzt die Tür geöffnet hatte und – deutlich zu erkennen – ein Mann auf einem Barhocker vor der Theke saß. Ihn konnten wir fragen: „Do you know Mister O'Connors office?“

Der Mann, etwa fünfundfünfzig und in einen zwar abgewetzten, aber ansonsten korrekten schwarzen Anzug gezwängt, blinzelte uns vergnügt hinter seinen dicken Brillengläsern an und sagte: „It is here.“ „And where is Mr. O'Connor?“ Das Blinzeln wurde noch ein bißchen fröhlicher: „That's me." Dann stand er auf und richtete an uns eine Frage, die zu den Standardfragen im englischsprachigen Raum gehört, und der kein Ausländer so recht gewachsen ist. Die Frage lautete: „Can I help you?" Nun ist das aber keineswegs – worauf wir immer wieder hereinfallen – eine Frage, die den Fragesteller eindeutig als hilfsbereiten Samariter ausweist. „Can I help you" kann zwar bedeuten: „Kann ich etwas für Sie tun?" Je nach Situation und momentaner Gemütsverfassung kann sie aber auch zum Ausdruck bringen: „Lassen Sie mich gefälligst in Ruhe", bis hin zum „Mann, hauen Sie schon ab!" In unserem Falle konnte er wirklich etwas für uns tun, denn der Mann, dem die fröhlich blickenden Augen hinter der Nickelbrille gehörten, war Thomas P. O'Connor, unser Notar.

Daß er als Notar am helllichten Werktag im „Ryans Pub" vor dem Tresen saß, hatte folgenden Grund. Er hatte vor zwei Jahren die freigewordenen Räume des Pub für seine notariellen Zwecke angemietet und war bisher noch nicht dazu gekommen, diesen Bedeutungswandel von „Ryans Pub" auch in entsprechende Worte zu fassen und sie irgendwo zur Information des Publikums sichtbar anzubringen. Wozu auch? Er hatte, einer alten irischen Tradition folgend, nichts verändert und alles beim alten gelassen, auch das schwarz-rote Lettering über seiner jetzigen Amtsstube, denn da stand immer noch „Ryans Pub". Eine nicht zu überriechende Guinness-Fahne von Thomas P. O'Connor zeugte zusätzlich noch davon, daß sich hier wirklich nur wenig verändert hatte. Auch die Theke war geblieben, und ein alter Zapfhahn erinnerte mit etwas ermattetem Glanz an bessere Zeiten, wo er Malz- und Gerstensaft aus den Fässern unter ihm in die erwartungsleeren Gläser vor ihm befördert hatte. Die bei Benutzung leicht aufquietschenden Barhocker waren ihrem alten Standort ebenfalls treu geblieben und erlaubten es der Klientel, sich sofort wie im vertrauten Pub zu fühlen und jegliche Schwellenangst, wie man sie vor Zahnarztpraxen und Amtsstuben empfindet, zu überwinden.

Thomas P. O'Connor wußte sofort, wer wir waren und worum es sich handelte, und nach einem flüchtigen „Nice day to-day" machte er sich auch sofort ans Werk. Um seine eigentliche Notartätigkeit vollinhaltlich aufnehmen zu können, mußte er aber seine Position vom ehemaligen Gast vor der Theke und auf dem Barhocker in den früheren Schankraum hinter der Theke verlagern. Um das zu ermöglichen, also um vom größeren Gästeraum in den kleinen Schankraum zu kommen und umgekehrt, ist für gewöhnlich ein Teil der Thekenplatte so mit Scharnieren versehen, daß er sich nach oben umklappen läßt und somit freien Durchgang gewährt. Aus welchen Gründen aber auch immer war diese Klapptür im ehemaligen „Ryans Pub" nach ihrem Eintritt in die juristische Laufbahn nicht mehr funktionsfähig. Sie war außerstande, ihre horizontale Lage – in einer Höhe mit der Thekenplatte – nach oben zu verändern. Sie verweigerte sich dieser dringend notwendigen Dienstleistung und verhielt sich total blockiert und standortfest. Das wußte unser Notar natürlich sehr genau, und deshalb machte er auch gar nicht erst den Versuch, die Klappe an ihre Pflichten zu erinnern und sie hochzuheben, sondern er ging stattdessen leicht in die Kniebeuge, stemmte beide Hände fest auf die Theke und sprang mit einem kurzen Satz – und mit einer für Juristen erstaunlichen Grazie – auf die Theke. Dann machte er eine kleine Pause, wobei er uns erneut zublinzelte, hob beide Beine mit angezogenen Knien bis in Augenhöhe und drehte den gesamten Notar auf dem Hinterteil um genau einhundertachtzig Grad in Richtung der immer noch hellblau gekachelten Wand, wo ehemals die Flaschen und die Gläser im Regal standen. Dann stützte er sich wieder mit beiden Händen ab und hüpfte die verbleibenden vierzig Zentimeter hinab auf den Fußboden, diesmal auf den vom Schankraum. Dort angekommen mutierte er nun endgültig zum Notar und fragte uns deshalb sicherheitshalber noch einmal nach unserem Namen und unserem Anliegen. Dann kehrte er uns den Rücken und wandte sich der Nebenwand zu.

Was für eine Wand! Sie war, um Kacheln zu sparen, hellblau getüncht und zwar in demselben Farbton, den man fast überall auf den Bahnhofstoiletten vorfindet, um dem unwirtlichen Ort einen visuellen Hauch von Hygiene und Reinlichkeit angedeihen zu lassen. Aber auch sonst hatte besagte Wand augenfällige Ähnlichkeit mit einem Toiletten-Ambiente. An der Wand hingen nämlich, in regelmäßigen Abständen voneinander entfernt, etwa dreißig gleich große Drahtkonstruktionen, die ihre unmittelbare Herkunft aus dem sanitären Bereich weder verbergen konnten noch wollten. Es waren tatsächlich aus einfachem, verzinktem Draht gebogene Originalhalter für Toilettenpapier, oder besser für Klopapier, denn sie stammten noch aus der Zeit unserer Väter, und damals nannte man die Dinge noch beim Namen. Das eine Ende des Drahtes war rund gebogen, hatte aber am Ende eine scharfe Spitze, und man konnte es mit leichtem Druck in die dafür vorgesehene Halterungsöse am hinteren Ende der Konstruktion einklinken. Das geschah immer dann, wenn man mit dem Auffüllen fertig war, und wenn der „Völkische Beobachter" oder der „Vorwärts" in gleich große, und nunmehr der uneingeschränkten Wahrheit dienen sollende Rechtecke geschnitten, und mit Hilfe der Drahtspitze auf das Gestell aufgespießt war. Über genau die gleiche Aufbewahrungsanlage für Papier verfügte auch unser Notar, nur hatte er dreißig von diesen genial konstruierten Drahtplastiken an der Wand und nicht nur eine, wie es bei Toiletten üblich ist.

Nach kurzem Nachdenken mit Brillenwechsel entschied sich Thomas P. O'Connor für den dritten Halter von links in der zweiten Reihe von oben. Er angelte den Draht aus der Öse und streifte den gesamten bisherigen Aktenumfang über die Drahtspitze hinweg und hängte den leeren Halter – Ordnung muß sein – wieder zurück an seinen alten Platz in der zweiten Reihe von oben. Es war alles lückenlos aufgespießt worden und es fehlte nichts. Sollten spätere Aktenforscher also jemals auf amtliche Papiere stoßen, die nicht die beiden üblichen und deplazierten Löcher am linken Rand aufweisen, die eine brutale und einfühlungsunfähige Lochmaschine hinterläßt, sondern stattdessen oben in der Mitte einen kleinen und kaum sichtbaren Einstich, dann wissen sie sofort, daß es sich bei diesen Akten um Papiere handelt, die aus der Schule des Notars Thomas P. O'Connor stammen und somit eindeutig der a. L. Ära angehören, also der Zeit vor der Lochmaschine, und daß die Piekser allesamt vom Meister selbst und mit eigener Hand angefertigt wurden.

Unser Notar wechselte die Brille erneut und las uns dann das Schriftstück vor, weswegen wir gekommen waren. Es war der Kaufvertrag. Dann fragte er uns noch einmal nach unseren Vornamen und trug sie per Hand in den Vertrag ein. Das endgültige „Agreement of Sale" und die Eintragung ins Grundbuch sollten wir dann später vom Department „Land Registry" des County of Kerry erhalten. Der Notar wollte uns diese Unterlagen nach Deutschland schicken, damit wir dort vor einem deutschen Notar nochmals unterschreiben und er diese Unterschriften dann beglaubigt. So verschlungen, und für die juristisch Beteiligten auch ertragreich, sind die Pfade der Justiz, wenn es sich um Grunderwerb handelt. Doch diese Abzocke auf höchster staatlicher Ebene konnte uns die gute Laune nicht verderben. Wir waren rundherum glücklich, da wir bald nicht nur stolze Besitzer eines Hauses mit rotblühender Fuchsienhecke und Palmen in Irland waren, – und daß dieses Haus auch tatsächlich am Atlantik lag, – sondern auch darüber, daß wir Thomas P. O'Connor in der Mainstreet left hand side doch noch gefunden hatten, wenn auch im alten „Ryans Pub".

Acht Wochen später – versehen mit zahlreichen Stempeln und Gebührenmarken – kamen die Unterlagen in Hamburg an, und schon drei Tage später waren wir – wiederum im Outfit des Bürgers auf Behördenbesuch – auf dem Wege zu einem Hamburger Notar.

Er hatte einen sehr hanseatischen Namen und wohnte in einem sehr hanseatischen Haus in bester Lage in der Innenstadt. Er residierte natürlich standesgemäß oben im fünften Stock, und um dorthin zu gelangen, mußte man einen ebenfalls sehr hanseatischen Paternoster benutzen, was angesichts des fünften Stockwerkes und der nicht nur geographischen Nähe unseres Notars zum lieben Gott, dramaturgisch durchaus gelungen war. Vorher hatten wir allerdings noch ein Erfolgserlebnis, das uns späte Genugtuung gab. Unten, in der beeindruckenden Halle des prächtigen Hauses, da hingen sie. Nicht eines oder zwei, nein, da hingen acht blankpolierte Messingschilder und eines war blankpolierter und messingiger als das andere. Und auch die Namen flößten historische Ehrfurcht ein. Es waren durchweg Namen, deren Träger man schon irgendwo

A
B & C
Im Office -
beim Notar

mal im Rathaus oder im Museum an der Wand hat hängen sehen, und zwar sowohl in Öl als auch in staats- oder wirtschaftstragender Pose und umgeben von einem Rahmen, der eindrucksvoll von der angeborenen Bescheidenheit eines echten Hanseaten zeugt. Oben empfing uns zunächst eine Dame keinerlei Alters, die in kühler Würde den Eindringling sofort daran gemahnte, daß die Göttin Justitia weiblichen Geschlechts ist. Ihr justicides Erscheinungsbild war in vollem Einklang mit Gebäude, Messingschild und Paternoster. Sie reichte uns, nachdem wir unser Anliegen vorgetragen hatten, mit einem Augenaufschlag, der auch dem unkundigen klar macht, warum Justitia eine Augenbinde trägt, an einen Kanzleiangestellten weiter, der, traurig wie ein Beerdigungsunternehmer, mit bedächtigen Schritten auf uns zu kam. Sein Anzug: schwarz mit dünnem Nadelstreifen und Weste. Sein Gesicht: hanseatisch kühl, also im Moment gar nicht vorhanden, sondern in der Garderobe bei Dienstantritt abgegeben. An den Wänden – wir wurden voll bestätigt: Bilder von beachtlicher Größe und Rahmenqualität. Allesamt zeigten sie männliche Personen, einige mit dem Spitzenkrägelchen des Senatsangehörigen, andere in der Robe des Juristen. Alle Bilder waren streng Ton in Ton gehalten. Außer schwarz, weiß und ein bißchen grau gab es da nichts, was an einen bunten und damit auch unsoliden Lebenswandel erinnerte. Spätestens jetzt mußte ich an Thomas P. O'Connor denken, unseren liebenswürdigen Notar im „Ryans Pub“ in Kenmare. Das einzige, was er mit dem ganzen Bühnenbild hier gemeinsam hatte, war sein zwar abgewetzter und an Ellenbogen und Knien blanker, aber doch immerhin schwarzer Anzug.

Der Kanzleiangestellte steuerte mit uns auf eine Sitzgruppe zu und bat uns mit einer stummen Geste, hier zu warten. Nach zwanzig Minuten erschien dann ein schmaler, blonder junger Mann, dem man unschwer ansah, daß er die stattlichen Herren an den Wänden allesamt kannte. Er war so korrekt gekleidet, daß ich unwillkürlich an die eigene Hose faßte, um sicherzugehen, daß wenigstens der Hosenstall geschlossen war. Er war es. – Der auffallend blasse Jungnotar musterte uns kurz und bat uns dann, ihm in sein Büro zu folgen. Drinnen setzte sich die Ahnengalerie an den Wänden fort, so daß man beständig den Eindruck hatte, als beschäftige sich nicht ein Notar mit uns, sondern deren fünf. Mag sein, daß dies auch eine Begründung für das Honorar ist. Wohlerzogen wartete unser Notar sogar noch Sekundenbruchteile nach unserem Hinsetzen, bis er sich selber auf einem raumdominierenden Gebäude an Eichenstuhl niederließ. Und jetzt erfuhren wir den Grund, weshalb der Rechtsanwalt und Notar heute um eine volle Nuance blasser war als sonst. Unser Schriftstück bereitete ihm Sorgen, große Sorgen, die jetzt auch sein Mienenspiel, seine Gestik und seine Stimmlage beherrschten. Was war geschehen? Ganz offensichtlich etwas furchtbares und etwas für einen hanseatischen Notar absolut unfaßbares: Unser irischer Notar hatte sich, als er unsere Vornamen nachträglich per Hand in den Vorvertrag einfügte, schlichtweg verhört. Statt „Erika", wie meine Frau wirklich heißt, stand da jetzt achtmal „Rita". Das ist zwar auch ein schöner Name, und ich hätte eigentlich gar nichts dagegen einzuwenden. Der hanseatische Notar hatte es schon. Er sah das nicht, wie wir, als einen kleinen Formfehler, den man ja leicht korrigieren könne. Oh nein! Mein naiver Versuch, dem ganzen doch vielleicht auch eine etwas komische Seite abzugewinnen, blieb mir in der Kehle stecken, als ich das leidzerfurchte Gesicht unseres Gegenübers sah. Für ihn war das ganze ein böser Alptraum, mit dem man ihn und alle, die da an der Wand hingen, einer quälenden Prüfung unterziehen wollte. Und tatsächlich schauten die Herren in Öl jetzt noch strenger und abweisender auf uns herab. Mit dieser „Rita statt Erika Affäre" wurde ihrer Meinung nach das gesamte juristische Abendland herausgefordert, und der legislative Unter- und Überbau als staatserhaltende Basis war in höchster Gefahr.

All das und noch vieles mehr trug er uns in einem fünfminütigen und sehr bewegenden Plädoyer vor. Damit hatte er gleichzeitig die willkommene Gelegenheit, uns Nichtjuristen zu beweisen, wie gut er in den zahlreichen Vorlesungen darüber aufgepaßt hatte, und daß er ohne Einschränkung mit seinem durchdringenden Scharfblick zur absoluten Elite seines ohnehin elitären Berufes zählte. Wir hatten keinerlei Zweifel daran, baten ihn dann aber doch, unter

Ausnutzung einer kleinen Pause im Vortrag, daß er uns, bitte sehr, dennoch, und sei es auch nur so zum Spaß, dieses ja wertlose und untaugliche Dokument unterschreiben möchte, quasi als Souvenir. Er wollte gerade zu einem weiteren verbalen Vernichtungsschlag ausholen, da wandten sich sein Scharfblick und seine Erkenntniskraft plötzlich von der ethisch-moralischen Betrachtung des Falles ab und richteten sich mehr auf den notariatsdienlichen und rein pekuniären Aspekt. Wir hörten förmlich, was da in Sekundenschnelle in seinem jetzt angeröteten Juristenkopf vorging: „Kaufvertrag Irland. Mein Gott, Irland – Rita statt Erika? Na ja, so schlimm ist das auch nicht, und warum soll ich notarieller sein als ein Notar in Irland. Und außerdem: Ohne Beglaubigung gibt es auch kein Honorar. Also, sei's drum!" Sofort nach diesem kurzen Ringen zwischen hanseatischem – und Honorarbewußtsein, zückte er seinen golden anmutenden Federhalter und beglaubigte unsere Unterschriften, auch wenn die im Vertrag erwähnte „Rita" jetzt mit „Erika" unterzeichnete.

Sechs Monate später waren wir wieder in Irland und tauchten mit unserem Makulaturvertrag bei Thomas P. O'Connor im „Ryans Pub" auf. Diesmal saß er nicht auf dem Barhocker vor dem Tresen, sondern er war dahinter im Schankraum und saß wie ein großer Teddybär auf dem Boden. Offensichtlich war er dabei, so etwas ähnliches wie Inventur zu machen; denn überall um ihn herum lagen Briefe und Akten, und an der Wand sah man vielen der Klopapierhalter an, daß man sie wegen Raumbedarfs arg gefleddert hatte.

Mit großer Erleichterung konnten wir feststellen, daß unser drahtiger Aktenhalter, also der dritte von links in der zweiten Reihe von oben, bisher ungefleddert dem Selektionsrausch des Notars entgangen war. Da diese Inventurtätigkeit auf der Basis einer solchen Registraturanlage auch einen ganz beträchtlichen physischen Einsatz des Notars erforderte, hatte er sich Marscherleichterung gewährt und das Jackett mit den blanken Ellenbogen nun nicht etwa auf den Barhocker gehängt, sondern mitten zwischen die ausgemusterten Akten auf den Boden gelegt. Als er uns sah, erhob er sich, ein leises „O Jesus" ächzend, und kam fröhlich auf uns zu.

Nach zwei Schritten merkte er aber, daß er oben ohne war, also ohne Amtsrock. Er drehte sich um, hob erneut ächzend den Rock auf und bedeckte damit sein fast weißes Hemd, über das zwei dicke, rote Hosenträger liefen. Schade eigentlich, denn vorher hatte er besser ausgesehen.

Wir schilderten ihm, wie es uns in Deutschland mit dem Kaufvertrag ergangen war, und daß wir jetzt ja wohl einen neugeschriebenen Vertrag brauchten, was ja leider viel Zeit kostet und vor allem Geld. Am Anfang verstand Thomas P. O'Connor das Problem gar nicht, was wir da vortrugen. Und da sein Jackett noch offen war, klemmte er, um besser nachdenken zu können, den rechten Daumen hinter den knallroten Hosenträger und blinzelte abwechselnd uns und das mitgebrachte Schriftstück an. Dann endlich hatte er die ganze Tragweite der „Rita-Erika-Tragödie" begriffen. Aber statt sich nun verzweifelt die Haare zu raufen, oder wenigstens einem kleinen Teil der hanseatisch-notariellen Betrübnis auf seinem Gesicht ein wenig Platz einzuräumen, sagte er nur fröhlich, wobei er seine Brille anhauchte, um klareren Blick zu erhalten: „No Problem". Und da er mit dem Putzen der Brille noch nicht zufrieden war, wiederholte er: „No Problem!" Dann zog er seinen Tintenschreiber aus der Brusttasche im Jackett, probierte auf einem der zahlreich herumliegenden Bierdeckel die Schreibfertigkeit aus und glitt mit seinem dicken Zeigefinger auf dem Vertrag von einer „Rita" zur anderen. Jedes Mal, wenn er bei einer von ihr angelangt war, sagte er triumphierend „well", strich die „Rita" kurzerhand durch und ersetzte sie durch „Erika". Dieser Vorgang, inklusive der „well's" wiederholte sich achtmal. Wir standen sprachlos daneben und konnten kaum fassen, was da unter unseren Augen vor sich ging. Eingedenk unserer Hamburger Erfahrung hatten wir für einen Moment sogar das Gefühl, daß das, was Thomas P. O'Connor tat, ja eigentlich gar nicht ginge, und daß wir im Namen des Gesetzes eingreifen müßten. Gott sei Dank ging diese Anwandlung sehr schnell vorbei, und wir beobachteten mit Vergnügen, daß unser Notar in Kenmare genau das tat, was jeder normale und durchaus rechtschaffene und auch nicht vorbestrafte Staatsbürger eigentlich auch gemacht hätte.

Das mit der „Rita“ war ein kleines, für jedermann ersichtliches und unbedeutendes Versehen, mehr nicht. Daraus eine Staatsaffäre machen zu wollen, wie es das Hamburger Rechtsbewußtsein und die Rechtspflege anscheinend vorschrieben, war unserem Notar hier in Kenmare im County Kerry in Irland völlig fremd. Justitia mit menschlichem Antlitz. Wie schön, daß es so etwas noch gibt.

Nach dem amtlichen Vorgang der Neu-Namengebung unterhielten wir uns dann noch ausgiebig über die wichtigen Dinge: über das Wetter, die Kartoffelernte und über das nächste Footballmatch Kerry gegen Cork. Dann gingen wir nach Hause, und diesmal wirklich in das Haus, das nicht der Rita gehörte, die sich da klammheimlich eingeschlichen hatte, sondern der Erika, und das ist, ich schwöre es, meine mir rechtmäßig angetraute Ehefrau. – God bless!

Paddy als solcher — Gottvaters handgeschöpfte Alternative

Paddy ist zwar in der ganzen Region zwischen Kenmare und Sneem im südwestirischen County Kerry nur als „Paddy" bekannt, verfügt aber dennoch auch über einen regulären Familiennamen, der allerdings nur selten benötigt und angewandt wird. Paddy heißt nämlich mit Familiennamen O'Sullivan, und genauso heißt über die Hälfte der Bewohner unseres kleinen Kirchsprengels. Jedermann wird einsehen, daß – angesichts der namensbedingten Gesamtlage – der Nachname O'Sullivan ziemlich überflüssig ist und keinesfalls von irgendwelchem Nutzen sein kann bei erkennungsdienstlichen Maßnahmen in Sachen Paddy. Paddy als solcher heißt also für alle nur Paddy und sonst nix.

Paddy ist etwa fünfzig Jahre alt, 164 cm groß und von kräftiger, gedrungener Statur. Er hat einen runden Kopf mit graumeliertem, kurzem Stoppelhaar und verfügt über äußerst flinke und wandlungsfähige Äuglein. Man muß in Paddy's Fall schon von Äuglein reden, denn sie sind wirklich ausgesprochen klein. Sie wirken aber auch deshalb so klein, weil sich über ihnen zwei Augenbrauen wölben, die mit buschig nur äußerst unzulänglich beschrieben sind in ihrer üppigen und borstigen Beschaffenheit. Paddy trägt normalerweise eine braune, mehrfach geflickte und eingerissene Allzweckhose, die er vermittels der Hosenträger weit über den kleinen Bauch hinweg bis in Brusthöhe zurren kann. Diese Extremzurrung schafft er durch die beiden rundum verrosteten, aber durch starken Bindedraht stabilisierten Halteklips. Paddy sieht deshalb stets so aus, als stecke er in einem Sack. Am unteren Ende des Sackes befinden sich zwei über die Knöchel hinausgehende Schuhe aus gröbstem Leder und von knochenharter Konsistenz. Seit Urzeiten schon haben sich diese beiden Weggefährten Paddys der lästigen Einengung durch Schnürsenkel entledigt und gewähren nun, weit geöffnet, auch den schafwollenen Socken die Möglichkeit des freien Ausblicks auf Irlands Wiesen und Felder.

Paddy trägt immer eine Mütze, eine durch konsequentes Tragen und Nichtwaschen im Laufe der Jahre wasser- und windundurchlässig gewordene, graubraune Tweedkappe mit kleinem verbeulten Schirm. Paddy nimmt die Mütze niemals ab, nicht im Wohnzimmer, nicht bei größter Hitze und schon gar nicht im Pub. Die einzige Chance, ihn zum Absetzen der Mütze zu bewegen , man holt eine Kamera und schickt sich an, Paddy zu fotografieren. Zum Beispiel, wenn er mit seinem torfbeladenen, zweirädrigen und von einem Esel gezogenen Karren die schmale Straße entlangkommt und an unserem Tor hält, um ein kleines Schwätzchen zu machen.

Angesichts der Kamera reißt Paddy blitzschnell die Kappe vom Kopf, spuckt zweimal in die rechte Hand und fährt sich damit durch die grauen Haarstoppel. Dann kann man auch sehen, daß meine Behauptung, daß Paddy seine Kappe niemals abnimmt, der Wahrheit entspricht. Über den Augenbrauen und etwas schräg verläuft eine nicht zu übersehende Trennungslinie zwischen Stirn und Gesicht. Das Gesicht ist naturbraun und verwittert wie der karge Boden, den Paddy bearbeitet, um ein paar Kartoffeln zu ernten. Die Stirn aber ist weiß, so weiß, daß man annehmen könnte, Paddy trägt eine weiße Binde unter der Tweedkappe oder eine Schlafmütze. Dieser Anblick währt allerdings nur Sekunden. Sofort nach dem Klicken der Kamera kehrt die Tweedkappe wieder an ihren angestammten Platz zurück, und der richtige Paddy ist wiederhergestellt.

Sein Baumwollhemd ist grau-, braun- und rotkariert, ein Design, das allein schon durch seine optische Ausstrahlung eine ganz entschiedene Ablehnung von Wasser und Waschmitteln zum Ausdruck bringt. Und das ist auch so. Paddys Hemd ist, was seine Bekanntschaft und Erfahrung mit der Reinlichkeit dienenden Substanzen angeht, nahezu in einem jungfräulichen Zustand. Die Ärmel sind stets aufgekrempelt, die Knöpfe fehlen, der Kragen ist um zwei bis drei Schattierungen dunkler als das übrige Hemd. Paddy geht auffallend langsam und mit viel zu langen Schritten für seine mäßige Körpergröße. Er schaukelt beim Gehen wie ein alter Seemann, der er nie war, oder wie ein Betrunkener, der er nur sonnabends ist, und das auch erst nach 9 o'clock p.m. Das also ist Paddy als solcher.

Paddy ist bestimmt nicht das, was man gemeinhin als wohlhabend bezeichnen würde, obwohl er mit Sicherheit – und wohlversteckt – auch etwas auf der hohen Kante haben dürfte. Er lebt durchaus in irischhaft geordneten Verhältnissen und hat sein – wenn auch bescheidenes – Auskommen und sogar etwas Besitz. Als tragende Figur für einen Werbespot einer Bank, um all seinen Reichtum vorzustellen und andere Leute neidisch zu machen, wäre er allerdings kaum geeignet. „Mein Cottage, meine Kuh, mein Esel, mein Hund, mein Feld, mein Fahrrad und meine Flasche Whiskey" dürften kaum ausreichen, um irgend jemanden neidisch zu machen und den richtigen Darsteller im Spot mit „meine Villa, meine Yacht, meine Reitpferde und mein Alfa Romeo" zu gefährden oder gar aus dem Felde zu schlagen. Aber Paddy braucht dies alles auch gar nicht und wäre wahrscheinlich nur verwirrt und todunglücklich über all diesen höchst überflüssigen Ballast, der einen nur daran hindert zu leben – wirklich zu leben. Ohne das alles haben zu müssen, ist Paddy rundherum zufrieden und dem doch von allen als so erstrebenswert eingestuften „Glück" weitaus näher, als der Herr im Werbespot mit seiner Yacht, seinen Häusern und seinem Alfa, der ohnehin immer in der Werkstatt steht. Das eigentliche und wahre Glück ergibt sich viel gültiger und aufschlußreicher aus der Betrachtung der Nichthabenseite. Und da hat Paddy einiges zu bieten, was seinen Werbespot-Kontrahenten vor Neid erblassen läßt: Keine Sorgen, keine Börsenverluste, kein Terminkalender, keine schlaflosen Nächte, keine Magengeschwüre, kein Streit mit Geschäftspartnern und Gewerkschaftsfunktionären, keine Personalprobleme, keine langweiligen Parties und kein Krach mit der anspruchsvollen und immer zickiger werdenden Lebensgefährtin. Was für ein vorweggenommenes Paradies!

Paddy wohnt in einem kleinen, weißgetünchten Cottage, so wie es fotografisch aufgemotzt und für Touristenaugen vom Designer hochgestylt als „typisch irisch" auf Postkarten verkauft wird. Bei Paddy gibt es all diese Dekorationselemente und Versatzstücke

Paddy wird fotografiert.

nicht. Sein Cottage ist ein Cottage, das Schutz vor Regen und Wind bietet, in dem ein großer, offener Kamin ist und in dem man schlafen, essen, kochen und trinken kann. That's it, and nothing else! Das Cottage liegt eine halbe Meile von der Straße, die zum „Ring of Kerry“ gehört entfernt. Um zu Paddy zu kommen, muß man zunächst das eiserne Gate, also das Gatter an der Straße öffnen. Das ist, unter Mißachtung des eigentlich dafür vorgesehenen Riegels, mit einem dicken Kälberstrick an den senkrechten Halterungspfosten gebunden. Nachdem man das Gatter wieder zugeschnürt hat, fährt man auf einem schmalen Feldweg den Hügel hinauf bis zum nächsten Gatter.

Dieses Gatter bevorzugt eine verwegen geschlungene Drahtkonstruktion als Verschluß. Man braucht einige Kraft und auch Phantasie, um den Geheimcode dieses unikaten Verschlusses zu entschlüsseln. Um den Einlaß zusätzlich zu erschweren, hängt das Gatter auch noch – nach Landesart – nur an einem Scharnier, so daß man es über die ganze Öffnungsstrecke hinweg regelrecht tragen muß. Nachdem auch dieses Gatter wieder verdrahtet ist, fährt man, an einem kleinen Bauernhof vorbei, noch einmal einhundert Yards bis zum dritten Gatter, das, wie ein Wunder, sich tatsächlich der angebrachten Verriegelungstechnik bedient und voll funktionsfähig ist. Wüßten wir nicht, daß Paddy hier wohnt, wäre das ein sicheres Indiz dafür, daß sich hinter diesem Gatter ein Deutscher oder ein Holländer angesiedelt hat, um die gute irische See- und Landluft hier einzuatmen und die Lebensqualitäten eines freien und irischen Daseins zu genießen. Denn so irisch sich solch ein zugereister Fremder auch geben und benehmen mag, keiner kann letztlich ganz aus seiner Haut, und Ordnung muß nun mal sein in Holland oder Germany; denn sonst könnte man sich ja gar nicht so überschwenglich an der überall ringsherum dominierenden Unordnung erfreuen. Also wird das Gatter gestrichen und geölt, damit es nicht quietscht und manchmal sogar, wenn kein Einheimischer in der Nähe ist, auch mit Scheuertuch und Fairy abgewaschen.

Wie Paddy zu diesem Gatter gekommen ist, ist uns bis jetzt immer noch ein Rätsel, denn es paßt so gar nicht zu ihm und zum Umfeld; und jeder Regisseur von Filmen, die irisch wirken sollen, würde sofort anordnen, daß dieses Gatter vor Drehbeginn in irische Ordnung gebracht wird und ein paar Beulen und Rostflecken erhält, und nicht mit solch einem albernen Riegel verschlossen wird, sondern zum Beispiel mit einem Kälberstrick, oder durch eine dreimal verzwirbelte Drahtkonstruktion. – Er hat ja schließlich irische „roots", auch wenn seine Familie schon seit hundert Jahren in Los Angeles lebt.

Kommt man morgens, so gegen neun, dann steht Paddy für gewöhnlich vor der Tür und schaut angestrengt mit schiefem Kopf in die obere linke Ecke des Türrahmens. Dort hat der Zahn der Zeit, der bei Paddys Anwesen überall reichlich Nahrung findet, um zu nagen, auch zugebissen und hat einen Riß in den Rahmen genagt. Da Paddy diesen Riß sowieso nicht ausgebessert hätte, hat er ihn, schlau wie er ist, sich zu Diensten gemacht und klemmt die unregelmäßig geformte Scherbe eines ehemaligen Spiegels hinein. Diese Scherbe hat den Vorteil, daß sich auf der Rückseite noch so viele Reste der alten Silberschicht gehalten haben, daß Paddy darin sein Konterfei, wenn auch mit Zwischenräumen und Unterbrechungen und unter permanenter Anpassung seiner Kopfposition, einigermaßen wirklichkeitsgetreu erkennen kann. Da Paddys Kinn und Wangen über und über mit weißem Schaum bedeckt sind, geht man nicht mehr fehl in der Annahme, daß Paddy sich rasiert. Das tut er nicht jeden Tag, aber doch häufig genug, daß die Bartstoppeln nicht „überkinn" nehmen, und damit seine Erfolgschancen bei der Ausübung seines Begrüßungsgewerbes an fremden Damen in irgendeiner Weise negativ beeinflußt wird. Davon werden wir später mehr hören.

Tritt man in Paddys Cottage ein, erkennt man zunächst keinen wesentlichen Unterschied zu draußen, zumindest was den Fußboden angeht. Der hat draußen wie drinnen die gleiche lehmhaltige und harte Konsistenz. Da es drinnen aber nicht regnet, mutet die interne „Auslegware" ein bißchen heller an, als die Schwester draußen vor der Tür. Beide können aber keinesfalls verleugnen, daß sie von derselben Mutter Erde abstammen. Nachdem sich das Auge an die Dunkelheit gewöhnt hat, erkennt man noch einen Stuhl, eine hölzerne Bank, einen kleinen Tisch mit darüber hängendem Küchenschrank und eine Treppe, die neben dem großen, offenen Kamin nach oben zu den bedrooms führt. Um zu rationalisieren und Energie zu sparen, steht auf dem kleinen, wackeligen Holztisch alles, was Paddy normalerweise braucht, um die notwendigen und gastronomiebedingten Tätigkeiten auszuüben: eine eiserne Pfanne, ein ramponierter Emailletopf mit einem Einschußloch im oberen Drittel, ein Holzbrett, ein Teller, ein riesiger Teepot aus ehedem zinnfarbenem Metall, sowie Messer, Gabel, Löffel und eine irdene Schale mit einem halben Laib Brot darin.

Auf der Fensterbank vor dem kleinen Fenster, das sich vergeblich bemüht, genug von dem draußen reichlich vorhandenen Licht nach innen dringen zu lassen, hat Paddy seine Abteilung „Körperpflege und Kosmetik" eingerichtet: Ein zerbrochenes Glas und darinnen so etwas wie eine Zahnbürste, wobei hierzu nähere und zuverlässige Angaben fehlen, ein Rasierapparat mit Pinsel und einem riesigen Stück Kernseife, aber ohne die bereits erwähnte Spiegelscherbe, der Paddy ein stationäres Dasein draußen vor der Tür zugewiesen hat. Hinzu kommen noch eine große Schere, – der aber der innere durch eine Schraube erzeugte Halt fehlt, so daß sie jetzt aus zwei Scherenhälften besteht, – und eine Wurzelbürste mit Borsten, die eigentlich in der Lage sein müßten, hier segensreich zu wirken. Aber das Schicksal hat es nicht so gewollt mit dieser Wurzelbürste, und so liegt sie denn, nahezu neu und mit vor Arbeitseifer glänzenden, blonden Borsten, neben der Kernseife und wartet auf das Zeichen zum Einsatz. Unter dem Tisch im Volldunkel steht dann noch der gußeiserne, schwarze Wasserkessel, dem Paddy die Erhitzung des so überaus wichtigen Teewassers anvertraut. Der Küchenschrank ist weit geöffnet und fleht mit beiden Türen um einen Anstrich und um neue Farbe. Darinnen sind mehrere Tassen mit und ohne Henkel, drei Teller und einige Schüsseln, die stark die Vermutung aufkommen lassen, daß sie irgendwann einmal dem animalischen

Bereich entliehen wurden. Im untersten Fach aber, dort, wo man – angesichts der spärlichen Belegung in den oberen Etagen – eigentlich gar nichts mehr vermutet, ist doch noch etwas. Im Hintergrund und von außen nicht einsehbar stehen oder liegen drei Gläser völlig verschiedener Bauart und Größe. Daneben, im allerhintersten Winkel des Faches, steht schließlich sie: Die Flasche Whiskey, mit dem „E" vor dem „Y", – in diesem Falle namensgleich mit unserem Paddy, eine Flasche „Paddy". Daß nur zwei Gläser stehen und das andere liegt, hat seinen guten Grund, und den erfährt man, wenn man mal bei Paddy auf einen „Paddy" vorbeischaut.

Das Sitzproblem ist in solch einem Besuchsfall rasch geregelt: einer auf den Stuhl, der so niedrig ist, daß man seine Standfestigkeit nicht herauszufordern braucht und jederzeit regulierend und per pedes eingreifen kann, um die Balance des wackeligen Stuhles und damit auch die eigene zu halten, und zwei auf die Bank. Das Problem kommt mit den Gläsern und mit ihrer gerechten Verteilung an die Besucher. Dieses Problem ist höchst diffizil und liegt – wie so oft – im Detail. Das liegende Glas liegt nämlich nicht, weil es etwa umgefallen ist, sondern weil es gar nicht stehen kann. Es hat keinen Fuß. Und so endet es denn, obwohl es sich vorschriftsmäßig nach unten verjüngt, um dort auf den haltgebenden Fuß zu treffen, irgendwo im Niemandsland. Ansonsten aber ist es das bei weitem besterhaltene Glas, über das Paddy verfügt. Aber auch das zweite Glas, das hochmütig und standhaft auf den liegenden Kollegen herabblickt, hat einen Makel. Den kann man aber als Insider bei geschickter Drehung des Glases so kaschieren, daß er optisch kaum auffällt. Das geschieht allerdings gnadenlos dann, wenn diesem Glas die ihm zwecks vorübergehender Aufbewahrung zugeteilte Flüssigkeit anvertraut wird. Bis zur Höhe von zwei Zentimetern ist es absolut zuverlässig und hält die jeweilige Flüssigkeit in seinem Inneren, dann aber kann es die darüber hinaus eingefüllte Flüssigkeit nicht mehr halten und beginnt zu tröpfeln: „Glasenschwäche"! Die Diagnose ist klar: Das Glas hat einen Sprung und der verläuft so, daß der obere Teil des Glases sich langsam entleert, der untere aber im Volumen stabil bleibt.

Das dritte Glas ist eigentlich das mit dem tragischsten Schicksal; aber das soll nicht davon abhalten zu sagen, daß es rein menschlich gesehen auch das risikoreichste ist. Es hat alles, was zu einem, sagen wir mal, Sherryglas gehört, in vollendeter Schönheit und Zweckmäßigkeit, bis auf den Rand. Das heißt natürlich, daß es durchaus einen Rand hat, aber dieser Rand hat mehrere und verschiedenartig gezackte Einkerbungen. So, jetzt ist es heraus. Wahrscheinlich sind diese Runen der Gastlichkeit durchaus ehrenvoller Art bei allzu heftigem Zuprosten entstanden, aber das ist ein schwacher Trost. Man findet zwar, um ehrlich zu sein, zwischen den verschieden großen und gezackten Glasrandeinbrüchen an zwei Stellen noch genügend Platz, um ohne Schnittwunden an die Flüssigkeit zu gelangen, ein Restrisiko ist aber immer vorhanden. Und wer sieht es schon gern, wenn seine Gäste nicht nur mit einer Fahne, sondern auch mit einem Tropfen Blut auf den Lippen das gastliche Haus verlassen, um sich auf den Heimweg zu machen.

Jedesmal wenn Gäste kommen, es sind eigentlich nie mehr als zwei, ergibt sich aus dieser gläsernen Sachlage für Paddy die Frage: Wem von meinen Gästen gebe ich welches Glas? Gebe ich nun der Lady, die ja eigentlich Vorrang hat, das Glas mit den Zacken im Rand, aber unten herum perfekt, oder gebe ich ihr das oben herum perfekte Sherryglas, das aber unten keinen Fuß hat, oder biete ich ihr die dritte Möglichkeit an und reiche ihr das nahezu einwandfreie Exemplar mit dem liquid-durchlassenden Riß in zwei Zentimeter Höhe über dem Glasboden? Wenn nur Männer anwesend sind, fällt die Beantwortung dieser Fragen auch nicht leichter, weil ja dann der ranghöchste Gast die Vorrangstellung der Lady einnimmt.

Das alles sind Fragen, die völlig zu recht ob ihrer Kompliziertheit nie in einem der zahlreichen Intelligenz- und Quizspiele auf dem Fernsehschirm vorkommen werden. Bei Paddy gibt es für die schlußendliche Beantwortung dieser Fragen keine festen Regeln. Zwar verharrt er stets einen kurzen Moment, bevor er seine Entscheidung fällt, doch dann trifft er sie souverän und unanfechtbar und läßt dabei die Tagesform seiner Gefühle entscheiden.

Well, liebe Leser, das ist der Versuch, Paddy als solchen einigermaßen richtig und genau zu beschreiben und seine Höhen und Nichthöhen, seine Stärken und seine stets liebenswerten Schwächen zu schildern. Aber natürlich ist das Phänomen „Paddy als solcher“ eigentlich gar nicht zu beschreiben. Paddy ist Paddy. Anymore questions? Thank you.

Paddy und der Lawnmower — Feindschaft auf den ersten Blick

Paddy ist unser Caretaker, wobei man das Caretaken nicht so ganz wörtlich nehmen kann. Er ist ein Caretaken mit vielen, höchst individuell eingebauten Überraschungen und Vakanzen. Das gilt sowohl für das eigentliche „Caren“ als auch für das „Taken“. Paddy cared unser Grundstück nach einem bis heute unenträtselbaren Schlüssel und Plan, oder besser Nichtplan. Am Anfang haben wir es mit festen Terminen und Zeiten versucht. „Yes, Sir“, sagt Paddy mit einem Gesicht, das höchste Bereitwilligkeit anzeigt und macht weiter so wie bisher. Das heißt: Er taucht irgendwann – meistens zur unpassendsten Zeit – auf und holt mit großem Getöse den Rasenmäher aus der Garage. Da er ihn, wie immer, nicht sauber gemacht und auch nicht nach dem Benzin geschaut hat, hören wir ihn dann regelmäßig wüste Beschimpfungen gegen den Rasenmäher ausstoßen. Nach einem kurzen Moment der Ruhe biegt Paddy dann um die Ecke, wo wir gerade mit Freunden sitzen oder uns ein wenig sonnen, und erklärt mit vorwurfsvollem Gesicht die derzeitige Lage an der Lawnmower-Front.

Es gibt zwei bevorzugte Anklage-Schwerpunkte gegen den Rasenmäher und seine böswillige Leistungsverweigerung. „No petrol, Mister Fletcher, no petrol!“ – und „The plug, Mister Fletcher, the plug!“Also die Zündkerze. Es muß hier angefügt werden, daß ich eigentlich Fechler heiße, aber das ist etwas, was Paddy viel zu viel Mühe macht, und so blieb er denn bei dem viel geläufigeren, englischen Familiennamen Fletcher. – Wir haben uns mittlerweile so an dieses sofort verständliche „Fletcher“ gewöhnt, daß wir, um unnötigen Rückfragen aus dem Weg zu gehen, auch am Telefon unseren angestammten Namen verleugnen und uns zur Familie der Fletchers bekennen. – Nach Paddys, mit großem Ernst und sehr erregt vorgetragener, Anklage stehe ich auf und hole die an dieser Stelle vorgesehene Dose Bier für Paddy. „German Beer – very good! Slantje

Mister Fletcher!" Dann sitzen wir gemütlich beisammen, und Paddy erzählt von seinen Kühen, seinen Kartoffeln, seinem Rheuma und warnt uns vor „those people", die öfter lügen und die, ja, die schon mal was geklaut haben. Paddy ist von Haus aus mißtrauisch, und mit seinen kleinen, flinken Äuglein kann er dieses Mißtrauen auch rein visuell beeindruckend demonstrieren.

Dann, nach einer halben Stunde, begeben wir uns schließlich zum Delinquenten, also zum angeklagten Lawnmower. Der steht zwar verdreckt, aber ansonsten harmlos dreinschauend, in der Garage umgeben von uraltem Gras und Moos, das Paddy, als Ersatzhandlung für technische Eingriffe, aus dem Gehäuse herausgeholt hat, um ihn vielleicht dadurch zum Anspringen zu bewegen. Diesmal versteift Paddy sich auf die zweite Version seiner Anklage und wählt die Zündkerze als Bösewicht aus. „The plug, Mister Fletcher, the plug. We need new ones!" Dabei kratzt er sich mit allen Fingern der rechten Hand hörbar hinter dem Ohr, schiebt mit der linken Hand seine zerfranste Tweedkappe aus der Stirn, damit ich einen ungehinderten Blick auf sein sorgenvolles und unheilahnendes Gesicht habe. Da ich das aber alles in mehreren und genau gleichen Vorläufen schon erlebt habe, weiß ich auch, wie das Ritual jetzt weitergeht. Ich hole den Kerzenschlüssel, den Paddy niemals findet, und schraube die völlig verrußte und nasse Zündkerze heraus. Ich reinige sie sorgfältig, trockne sie, und schraube sie dann wieder ein.

Paddy, um sich irgendwie nützlich zu machen, oder um wenigstens den Anschein zu erwecken, hält während der ganzen Zeit den Rasenmäher unter Aufbietung aller Kräfte krampfhaft mit beiden Händen fest und schaut mißtrauisch und skeptisch auf das Teufelswerk, das sich da vor seinen Augen abspielt. Paddy haßt den Rasenmäher aus tiefster Seele heraus und wünscht ihm von Herzen alles Schlechte. Eine schöne, schlanke Sense, die man dengeln und schärfen kann und die keinen Krach macht, sondern stattdessen diesen wunderbar irisierenden Sphärenklang ertönen läßt, wenn sie durchs Gras gleitet, well, das ist o.k.! Aber so ein Lawnmower – „Jesus Christ"! Wenn der Rasenmäher dann läuft, packt Paddy ihn und schiebt davon, ohne mich auch nur eines Blickes oder gar

Paddy
hasst den Rasenmäher
aus tiefster Seele

Wortes zu würdigen. Er ist offensichtlich über die erneut gelungene Operation beleidigt. Viel lieber hätte er neue Kerzen gekauft, oder noch besser, eine Sense – „that's it"!

Paddys Variante – die mit dem Petrol – läuft übrigens so ab: (Ich wähle hier einmal die Schilderung der Eröffnungsvorstellung.) Wochenlang vor unserem Eintreffen in Irland haben wir Paddy den genauen Termin unserer Ankunft mitgeteilt, um ihn quasi unter Zugzwang zu setzen, was das Mähen des Rasens angeht.

„Zugzwang" – was für ein lächerliches und völlig unbekanntes Wort für einen Iren. Aber damals glaubten wir noch an solch kontinentale Theorien. Paddy ist natürlich gegen solch fremdartiges Ansinnen völlig immun. Wir tauchen also eines Tages, eben von der Fähre kommend, an unserer kleinen Dorfkirche auf. Es ist Sonntag und Zeit für die Messe. Paddy steht, wie jeden Sonntag, in der Männerecke an der Kirchenmauer und erschrickt zu Tode, als er uns plötzlich erblickt. Wir sehen, wie er sich reflexartig bekreuzigt und sein Standard-Stoßgebet zum Himmel schickt: „O Jesus Christ!" Nach zwei Stunden taucht Paddy dann in seinem Kirchen-Feiertags-Festanzug bei uns auf und geht ohne alle Umschweife und sogar ohne Begrüßung sofort zum Angriff über: „No petrol, Mister Fletcher, no petrol!" Erst jetzt kommt ein zaghaftes: „Welcome home, Mister Fletcher!" Dann gehen wir zur Garage, wo inmitten des 50 qm großen Raumes der unbenutzte Rasenmäher steht und direkt neben ihm der 10 Liter Kanister mit Benzin, und obendrauf, eigentlich nur aus alter Gewohnheit, der Kerzenschlüssel und ein Lappen.

Alles steht genau so da, wie wir es vor fünf Monaten verlassen und Paddy noch einmal ausführlich über alles informiert haben. Paddy erkennt die relative Schwierigkeit seiner Situation und ergreift erneut die energische Flucht nach vorn. Er würdigt Rasenmäher und Benzinkanister keines Blickes, sondern rast, was sonst ganz und gar nicht seine Art ist, in die entfernteste linke Ecke der weiträumigen Garage. Dabei ruft er laut und wild mit seinen großen Händen gestikulierend: „No petrol, Mister Fletcher, no petrol! I have been looking here ..." Dabei zeigt er vorwurfsvoll in die linke

Ecke. Dann rast er weiter in die rechte Ecke. „ I have been looking there!" Dann kommt die vordere linke Ecke dran und schließlich die vordere rechte. Paddys Demonstration ist umfassend. Er vergißt keinen möglichen Platz. In allen Ecken reckt er verzweifelt seine Hände in Richtung des nicht vorhandenen Benzinkanisters und wiederholt seinen Verteidigungsschlachtruf: „I have been looking here, I have been looking there!"

Nach diesem kraftraubenden Auftritt greift Paddy dann regelmäßig, ohne jeden Übergang und ohne auch nur den leisesten Versuch einer Erklärung, zum Benzinkanister und füllt den Tank auf. Das ist gleichzeitig das unausgesprochene Zeichen, daß ich mich jetzt entfernen kann, und daß der Fall zur gegenseitigen Zufriedenheit damit erledigt ist. Auf jeden Fall bis zum nächsten Mal.

Doch um der Wahrheit die Ehre zu geben: Nicht alle Iren denken und fühlen wie Paddy, wenn es um Rasenmäher geht. Dazu gehört auf jeden Fall Jonny O'Brian, unser Dorfpolizist. Jonny ist eigentlich niemals in seiner sechs Quadratmeter großen offiziellen „Garda-Station" anzutreffen. Er unternimmt statt dessen bei Wind und Wetter seine Kontrollgänge. Da er von Haus aus Bauer ist, braucht er frische Luft und haßt Büroarbeit, besonders dann, wenn diese etwas mit Schreiben zu tun hat. Ein- bis zweimal im Jahr führt ihn solch ein Kontrollgang auch zu unserem Freund Doktor Rosen. Doktor Hans Waldemar Rosen war nach dem Krieg als ehemaliger Wehrmachtsangehöriger und Kriegsgefangener in Irland geblieben und hatte dort den berühmten Solistenchor der „Aran-Singers" gegründet, denn er war von Haus aus Musiker und Dirigent. Außerdem arbeitete er beim irischen Rundfunk. Da er stets eine Baskenmütze trug, hielt man ihn für einen Angehörigen der IRA, und somit genoß er allerhöchstes Ansehen. Doktor Rosen wohnt zwar eigentlich in Dublin, verbringt aber soviel Zeit wie irgend möglich in seinem kleinen Sommerhaus hier in Kerry. Sein Haus ist etwa zehn Kilometer von der Polizeistation entfernt und steht hoch über Gleesk Pier direkt am Atlantik. Umgeben ist es von gewaltigen Felsen mit spärlich eingestreuten Grünflächen und dem leuchtend gelben und alles dominierenden Stechginster. Seine Nachbarn sind Kühe, Schafe und ein paar wilde Bergziegen. Um zu ihm zu gelangen, muß man einen eigentlich unbefahrbaren Feldweg mit halsbrecherischen Kurven hinauffahren und hat dann allerdings den freien und imponierenden Blick über den ganzen mächtigen Atlantik. Wenn man von hier aus in See sticht und auf Kurs West-Süd-West bleibt, landet man, ohne ein weiteres Stück Land zu sehen, direkt vor New York.

Als Jonny mal wieder den steilen Weg zu Doktor Rosen hinter sich gebracht hat, hört er ein Geräusch, das seine geschulten Polizeiohren nicht einordnen können. Es kommt nicht von Kühen, nicht von Schafen und auch nicht von den meckernden Bergziegen, dafür ist das Geräusch zu lang anhaltend und auch irgendwie zu metallisch. Und Jonny hat Recht. Das Geräusch kommt von einem Rasenmäher, dem ersten Rasenmäher, der seit Erschaffung der Welt hier oben über Gleesk Pier seine doch sehr gewöhnungsbedürftige Stimme ertönen läßt. Jonny ist fasziniert. Es ist Liebe auf den ersten Blick. Er läßt sich von Doktor Rosen „the maschine" genau erklären und darf dann, nachdem er seinen blauen Uniformrock ins Gras gelegt hat, selbst ein paar Runden mit seiner neuen Liebe drehen. Jonny ist begeistert und über alle Maßen glücklich. Seitdem kommt Jonny regelmäßig zwei- bis dreimal im Monat hier hoch, um seinem geheimen Hobby zu frönen und Doktor Rosens Rasen zu mähen. Dem kommt diese polizeilich ausgeübte Leidenschaft natürlich höchst gelegen, und so tut er denn auch alles, um diese große Liebe zwischen dem Polizeisergeanten Jonny O'Brian und seinem Rasenmäher so lange wie möglich am Leben zu erhalten. – Und das ist ihm auch bisher gelungen.

Paddy und die Frauen — Liebe ist, – wenn ... Ach ja!

Nach all dem, was im Kapitel „Paddy als solcher“ über ihn und seine spezifischen, persönlichkeitsformenden Eigenschaften und Angewohnheiten sowie über sein rein visuelles Erscheinungsbild gesagt werden mußte, ist unschwer zu erraten und zu schlußfolgern, daß sich Paddys Anziehungskraft auf das von ihm ansonsten sehr geschätzte weibliche Geschlecht in Grenzen hält. Paddy hat es also, verhältnismäßig gesehen, nicht leicht, und so nutzt er denn auch jede Möglichkeit, um wenigstens ein Quentchen bei der Zuteilung oder auch Beschaffung von weiblichen Reizen zu ergattern. Da seine Beschaffungsstrategie im Dorf, wo ihn doch alle kennen, schier aussichtslos ist, und allein schon die notwendige Nähe für den eventuellen Genuß einer Liebkosung an den auserwählten Damen für Paddy ein unüberwindbares Hindernis darstellt, hat er seine Basisstrategie radikal geändert.

Paddy konzentriert sich schon seit Jahren auf fremde Damen, also auf Touristinnen, wobei die Nationalität eine untergeordnete Rolle spielt. Seine Spezialität sind Willkommens- und Abschiedsküsse, wobei er sich so geschickt und nahezu offiziell verhält, daß man seitens der betroffenen Damen durchaus annehmen könnte, Paddy handele im Auftrag des Ministers für den Tourismus, um nach altirischer Landessitte die Gäste zum Bleiben oder zum Wiederkommen zu veranlassen. Und da man ja eh in Ferienlaune ist und eigentlich sowieso schon irgend etwas Besonderes und Ungewöhnliches von diesem sonderbaren Land erwartet hatte, hat Paddy auch durchweg Erfolg mit seinen Liebesdiensten. Außerdem erfolgt sein Angriff so schnell und unerwartet, daß die meisten Damen den Kuß erst dann registrieren, wenn das ganze Zeremoniell schon vorbei ist, und Paddy sich zufrieden lächelnd und mit blankblitzenden Äuglein mit der Zunge über die Lippen fährt.

Das, was man in Frankreich immer erwartet, und was zum Leidwesen der Damen dort nie passiert, hier passiert es! Paddy ist also eigentlich der einzig richtige Franzose. Allerdings hat Paddy diesem doch recht harmlosen Streben nach etwas weiblicher Wärme und Nähe im Laufe der Zeit noch eine weitere Gunstbezeugung hinzugefügt, und die kommt doch nun schon in die ganz bedenkliche Nähe von – sagen wir ruhig – Fleischeslust. Nach dem Kuss nutzt er nämlich die verständliche Verblüffung der jeweiligen Dame, um ihr, - ja man muß es so deutlich sagen -, fröhlich und kräftig in den Hintern zu kneifen. Dabei handelt es sich aber eigentlich bei Paddys zärtlich gemeintem Eingriff gar nicht um ein wirkliches Kneifen. Der Vorgang vollzieht sich vielmehr in zwei sorgfältig aufeinander abgestimmten Phasen. Die erste Phase besteht aus einem kräftigen Klatsch mit der flachen Hand auf die dafür anatomisch mehr oder minder geeignete runde Fläche der ausgewählten Dame. Die zweite Phase folgt unmittelbar danach und umfasst ein nochmaliges, kräftiges Zusammendrücken der besagten weiblichen Körperfläche. Diese beiden durchaus harmonisch integrierten Phasen ergeben in ihrer Gesamtwirkung zusammen das, was der Rheinländer als „Schmackes mit Nachschlag“ bezeichnen würde.

Ich weiß deshalb so genau über die Details dieser paddy´schen, achterlichen Begrüßungstechnik Bescheid, weil mir sowohl meine Frau, als auch unsere zu Besuch weilende Freundin in nahezu identischer Weise darüber berichtet haben. Meine Frau kam allerdings nur einmal in den Genuss dieser handfest vorgetragenen Art irischer Herzlichkeit und Zuneigung, und zwar bei der Erstbegegnung mit Paddy. Der war gekommen, um sich als unseren Caretaker vorzustellen; denn wir hatten ihn vom Vorbesitzer des Hauses zusammen mit allem möglichen anderen Inventar zum Festpreis übernommen. Meine Frau war im Garten, und ich strich zusammen mit unserer Freundin das grüne Garagentor. Und da unterlief Paddy der Fehler, daß er meine Frau für unsere Freundin hielt und umgekehrt. Nachdem er wenig später diesen Irrtum erkannte und wußte, welche von den beiden Damen meine Frau war und welche unsere Freundin, korrigierte er seinen Fehler pflichtbewußt, wie er war, sofort beim Weggehen; und diesmal war es unsere Freundin, die den „Schmackes mit Nachschlag" in Empfang nehmen durfte. Meine Frau aber blieb hinfort von dieser Gunstbezeugung verschont. Paddy hatte sie rücksichtslos aus seiner umfangreichen Liste gestrichen. Wahrscheinlich war es Paddys tief im Innersten sitzendes moralisches und althergebrachtes Reglement, daß ihm ganz klar signalisierte, daß man der eigenen Herrschaft tunlichst nicht in den Po kneift, und sei er auch noch so verlockend rund und schön. – Meine Frau muß damit leben.

Bei seinen Bemühungen um die Angehörigen des weiblichen Geschlechts handelt Paddy offensichtlich, ohne es je konzeptionell und rationell festgelegt zu haben, nach der alten, und sowohl der Psychologie als auch der Philosophie nahestehenden und höchst erfolgreichen Weisheit: „Ich habe großes Glück bei Frauen, denn mir gefällt jede." Er betreibt also keinerlei Selektion bei seinem erotischen Tun. Nur einmal ist Paddy von seinem Erfolgsrezept „Masse statt Klasse" abgewichen, beziehungsweise hat es ihn abgewichen, und das war das mit Laura. Laura war sehr jung, sehr hübsch und arbeitete in der Bar vom „Blue Bull". Selbst wenn die rein geographische Gegebenheit der Bar, in der sich Paddy ja bestens auskannte und in der seine Auserkorene tätig war, ein paar wenige Argumente für ein eventuelles Gelingen seiner Bemühungen hätte abwerfen können; die Tatsachen, daß Laura sowohl jung als auch hübsch war, sprachen eindeutig gegen auch nur die kleinste Chance bei diesem Abenteuer. Aber Verliebte hat der liebe Gott damit gesegnet, daß sie blind sind; und warum sollte sich Paddy nicht wenigstens einmal im Leben ebenfalls dieses liebebedingten Augenfehlers bedienen. Verliebte wollen ja nachgerade blind sein, und zum Teufel mit der Vernunft, wenn in diesem Falle Laura hinter der Theke steht, 19 Jahre jung, mit grünblauen Augen und stets mit einem vielversprechenden Lächeln, das aber zu ihrer professionellen Berufsbekleidung gehört und ausschließlich in Richtung höheres Trinkgeld arbeitet. Paddy hatte dieses Detail übersehen, und seine Vernunft war diesem geballten Ansturm weiblicher Reize ohnehin nicht gewachsen.

Paddy und die Frauen

Der ab und an doch spärlich sich regende Verdacht und Widerstand wurde von Guinness zu Guinness schwächer, bis er schließlich ganz erlosch. Im Gegensatz dazu wurde Laura mit jedem Guinness hübscher und begehrenswerter. Dieses Phänomen können wir zwar an allen Frauen feststellen, die sich im selben Raum befinden, in dem Männer trinken, und wovon die von Natur aus weniger mit Schönheit bedachten Damen natürlich am stärksten profitieren. – Hier aber, bei Laura, war dieses Phänomen des Schöntrinkens wahrlich nicht nötig. Sie war schön – mit und ohne sechs Guinness im Bauch. Natürlich begann man schon bald über das Liebeswerben Paddys und das ungleiche Paar zu lächeln; doch das kümmerte Paddy nicht, und somit wurde er nach und nach zum festen Bestandteil des allsamstäglichen Amüsements im „Blue Bull".

Der Kenner der Weltliteratur wird spätestens hier merken, daß bei dieser Geschichte auch Heinrich Mann mit im „Blue Bull" oder „Blauen Engel" sitzt, und daß Laura sehr viel Ähnlichkeit mit Marlene Dietrich hat. Das drängt sich auf. Nur bei Paddy fällt es ein wenig schwerer, die Parallelen zu Professor Unrath zu ziehen, obwohl er nach dem vierten Pint of Guinness und bei günstigem Licht durchaus lehrkörperhaft in die verqualmte Luft des rammelvollen „Blue Bull" starren kann. Und das mit dem Alter kommt ja auch so ungefähr hin. Die Geschichte nimmt zwar nicht den gleichen Verlauf wie Heinrich Manns Geschichte und wie der alte UFA-Film, aber doch so ähnlich. Laura verschwindet eines Tages unter Mitnahme zahlreicher Verlobungspräsente, die ihr Paddy nun nicht gerade aufgedrängt hat, die sie aber doch stets ohne größeren Widerstand und mit ihrem engelhaft-blonden „Barmädchen-Thank you" angenommen hat.

Paddy als solcher ist also wieder allein. Er gibt sich viel Mühe, sich nichts anmerken zu lassen, – zuviel Mühe. Da er aber auch ganz gern mal ein wenig leidet, und da dieser Zustand nur dann für ihn etwas abwirft, wenn dies andere auch bemerken, wirkt er manchmal so verlassen-possierlich wie ein Koalabär, dem man seinen geliebten Eukalyptusbaum weggenommen hat. Erst nach Wochen findet Paddy, für alle sichtbar, sein vollkommenes seelisches Gleichgewicht wieder und kehrt zum alten bekümmert – unbekümmerten Way of life zurück. Etwas bleibt aber doch in ihm, etwas, was er nicht so recht verstehen kann und will. Das macht ihn ab und an und urplötzlich seltsam traurig, aber Paddys Pragmatismus setzt sich auch hier bald wieder durch. Traurigkeit kann ja mitunter auch ganz schön sein, besonders dann, wenn man keine weitere große Auswahl unter den auf Lager befindlichen Anlässen zu Gefühlsregungen hat. Ein bißchen Traurigkeit ist stets auch der segensreiche Ersatz für das nicht erreichte Glück der Glücklosen. Sie, die Traurigkeit, hat darüber hinaus noch den Vorteil, daß sie beständig ist und nicht vergeht, und daß man sich auf ihre jederzeitige Abrufbarkeit felsenfest verlassen kann.

Paddy und der große „rock" — Wo gehebelt wird, da fallen Paddys

Um Fehlinterpretationen tunlichst zu vermeiden, möchte ich zunächst feststellen, daß es sich bei diesem, überschriftlich erwähnten „rock" nicht um das aus allen Kreuzworträtseln bekannte weibliche Kleidungsstück handelt, und somit unter dem Kapitel „Paddy und die Frauen" abzuhandeln gewesen wäre, sondern um den stets männlich zu deklinierenden und klein geschriebenen englischen „rock", also den großen Stein oder Felsbrocken. Die konzeptionellen und psychologischen Voraussetzungen für dieses Gemeinschaftserlebnis mit Paddy basieren auf dem dumpfen Drang der Urbarmachung von Ödland, so wie er – mal mehr, mal weniger – in jedem Kontinentaleuropäer steckt, ein Verlangen, das dem Iren abartig erscheint und völlig fremd ist. Auf jeden Fall stehen Paddy und ich mal wieder auf einem Teil unseres Grundstückes, das schon tausende Jahre lang friedlich und ungestört als Ödland biologisch dahin döste. Unsere Absicht ist klar und rein theoretisch gesehen auch durchführbar und sogar beinahe sinnvoll: Wir versuchen, dieses Stück widerborstiger und neuerungsfeindlicher irischer Urerde in etwas zu verwandeln, daß man später, mit einigem guten Willen, vielleicht einmal „Garten" nennen könnte und das uns, gutgläubig wie wir sind, nach der Umwandlung mit Kartoffeln, Erbsen, Bohnen und allerlei Küchengewürzen und auch Blumen versorgen soll.

Wir haben all unser spärliches Wissen über die Voraussetzungen für eine erfolgreiche Gartenarbeit zusammengerafft und ein Plätzchen ausgesucht, das allen Ansprüchen der Fachliteratur hinsichtlich Sonne, Wind, Umfeld und Bodenbeschaffenheit vollauf gerecht wird. Dies jedenfalls unserer persönlichen Meinung nach. Außerdem sieht der Boden, als wir die Auswahl der Locations zu seinen Gunsten entschieden, durchaus friedlich und vielversprechend aus, fast so, als freue er sich auf die Produktion prallgefüllter Kartoffelsäcke und überquellender Körbe mit Erbsen und Bohnen. Nicht im entferntesten läßt er erahnen, welche Schwierigkeiten und Probleme der ganz besonderen Art er für uns in seinem unberührten Schoß bereit hält. Die größte und ernsthafteste Schwierigkeit ist natürlich, heimtückisch wie dieser Boden ist, unsichtbar.

Ganz normaler, mit Lehm durchsetzter mittelschwerer Boden, der an einigen Stellen sogar so etwas wie Humus zeigt. Auch der erste Spatenstich gibt durchaus noch Anlaß zu berechtigten Hoffnungen in Richtung Kartoffeln, Erbsen, Bohnen und generell zur blühenden Landschaft. Das Unheil kommt unausbleiblich und folgenschwer mit dem zweiten Spatenstich, wie in der griechischen Tragödie. In über fünfzig Prozent dieses Zweitstiches stößt man dabei auf etwas Festes und Hartes: Steine! Diese aber haben nur in seltenen Fällen eine zumutbare Größe, eine Größe, die man mit den üblichen Hilfswerkzeugen zwar schweißtreibend, aber immerhin doch erfolgreich, noch aus dem Boden entfernen kann.

Unser Boden kennt derlei versöhnliche Gesten gegenüber dem argwillig getäuschten Gärtner, der sich da über ihm abrackert, nicht. Er bietet zwar eine reiche Auswahl an individuellen Formen und Farben des Gesteins, ist aber, was den Umfang seines mineralogischen Angebotes angeht, konsequent und absolut unbestechlich. Er setzt auf Größe. Sein Sortiment setzt sich zusammen aus zwanzig Prozent Urgestein in Fußballgröße, fünfzig Prozent mit dem Umfang eines mittleren Autoreifens und dreißig Prozent mit Übergröße und Höchstmaßen, die durchaus denen eines soliden Klubsessels entsprechen können. Achtzig Prozent des rockigen Gesamtvorkommens besteht demnach aus Kavenzmänner und gehört damit zu den eigentlichen Problemmachern. Hier braucht man mehrere Spitzhacken, wenigstens zwei Brechstangen und mehrere Meißel mit einem zehn Pfund Vorschlaghammer – einem „Sledge" –, denn häufig genug muß man die großen rocks mühsam in mehrere Stükke zerschlagen, um sie überhaupt zum Verlassen des Erdreiches zu bewegen.

Wir arbeiten nach den gleichen bewährten Grundprinzipien und damit auch mit ungefähr dem gleichen Zeitaufwand wie die Sklaven beim Bau der altägyptischen Pyramiden. Allerdings werden unsere Werke mit einiger Sicherheit keinerlei kunsthistorischen Nachruhm auf sich ziehen. Dafür aber haben wir den nicht zu unterschätzenden Vorteil, daß wir ab und an hinter einen unserer ausgebuddelten rocks greifen können, wo in seinem kühlen Schatten ein paar Flaschen Guinness stehen.

Guinness ist, wie wir alle wissen, ein bierähnliches und sehr, sehr irisches Getränk, das niemandem schmeckt, der es zum ersten Male trinkt. Doch da muß man durch, denn Guinness gehört unabdingbar dazu, um in Irland überleben zu können und sich auch noch wohlzufühlen dabei auf der grünen Insel. Deshalb hat der Genuß eines deutschen Pils-Bieres nur ganz entfernt etwas mit dem Genuß eines irischen Guinness zu tun. Ein blondes Pilsener – ich trinke es sehr gern – ist eindeutig, auch ohne den exakten grammatikalischen Nachweis weiblichen Geschlechts, und man trinkt es gegen den Durst. Ein Guinness, mit seinem urzeitlichen Geruch und seiner stark mythologischen Ausstrahlung ist eindeutig männlich und eben nicht primär gegen den Durst, sondern generell gegen alles Böse auf dieser Welt: gegen die Schlechtigkeit des Finanzamtes, der Politiker, einiger Nachbarn, die man hier nicht näher nennen will, und ganz besonders wirkungsvoll auch gegen das Heimweh und für ein besseres und freundschaftlicheres Miteinander. Gegen das Heimweh übrigens nicht nur in seiner Ausgabe als Heimweh aus der Ferne, sondern auch gegen das weit häufiger vorkommende und wörtlich zu nehmende „Heim – Weh!“, das im Pub aufkommt, wenn man mit großem Weh registriert, daß man irgendwann einmal wieder heim muß. Dann trinkt man mit größter Inbrunst sofort auch darauf, daß die Frau nicht allzu viel Spektakel macht, wenn man wieder nach Mitternacht nach Haus kommt. – „Last one on the road. Slantje!“ – Guinness hat damit seit altersher die segensreiche Funktion des seelischen Allesklebers für fast jeden Problemfall übernommen und ist unentbehrlich für den Menschen, für die Erleichterung der seelsorgerischen Arbeit und auch für die einigermaßen gut funktionierende Demokratie und für das Bestreben nach Staatserhaltung.

Paddy, in seiner sackähnlichen Allzweckhose mit stramm hochgezurrten Hosenträgern und ich, in meinen zwar konventionell anmutenden, aber zwecks Angleichung an Land und Leute, stark verschlissenen und verdreckten Shorts, stehen also wieder einmal Aug in Auge mit einem jener heimtückischen und zutiefst ungeliebten rocks. Wir haben ihn schon ein ganzes Stück freigelegt, ohne daß er erahnen läßt, wie tief er hinabreicht und sich dort an den Heimatboden klammert.

Wenn einen das ganz große Mißgeschick trifft, und das kommt gar nicht so selten vor, hat so ein rock aber auch mal tief gestapelt und ist in Wirklichkeit die Spitze eines Felsens, der praktisch zum Solidität verleihenden Untergrund der irischen Insel gehört, und der damit seit Jahrtausenden dafür sorgt, daß diese Insel sich wie bisher stabil und erfolgreich gegen die wütenden Angriffe und die Zerstörungswut der atlantischen Wogen wehren kann. Dann geht man am besten schnurstracks in die Kirche und zündet dem dafür zuständigen Heiligen eine Kerze an. Bei Paddy ist das der Moment, wo er nicht das für geringere Problemfälle reservierte „devil" vor sich hin knurrt, sondern wo er sein stets mit einer Bekreuzigung verbundenes und der wahren Tragik des Falles entsprechendes „Oh Jesus Christ" gen Himmel schickt. Unser Problemfall ist aber, Gott sei Dank, kein solcher zum Basisterritorium gehörender Felsen, sondern ein rock der Handelsgröße drei, also über Autoreifen-Durchmesser. Paddys diesbezügliche Wortwahl „devil" bietet ausreichend Gewähr dafür, das dies so ist. Also gehen wir daran, eingedenk der altägyptischen Erfolgstechniken, mit der Spitzhacke an einer nach allen Regeln der Physik und Erfahrung ausgesuchten Stelle, ein Loch unter den rock zu graben, so daß wir mit unserem Hebel ansetzen können. Der Hebel besteht aus einem drei Meter langen Vierkantholz mit zehn Zentimeter breiten Seitenflächen.

Dank unseres einschlägigen und mittlerweile reichhaltigen Vorrates an Know-how gelingt uns das auch. Wir haben den Hebel unter den Felsbrocken plaziert. Ich keile noch einige Steine unter das Holz, damit wir eine bessere Auflage und Hebelwirkung bekommen, und Paddy hängt sich mit seinen achtzig Kilogramm – Sackhose,

Schnürschuhe und sonstiges Outfit ausgenommen – ans oberste Ende des Vierkantholzes, das sich unter dem Stein nach links herausschiebt. Paddy, der diese Bewegung offensichtlich mißdeutet und als Erfolgserlebnis wertet, hält pflichtbewußt an seinem Hebel fest. Damit kommt aber auch das, was zwangsläufig kommen muß: „Paddy der Hebler", wie er wahrscheinlich in der Catcherzunft heißen würde, hängt zwar immer noch fünfzig Zentimeter über dem Boden, muß aber schließlich den Gesetzen der Schwerkraft und der Erdanziehung Tribut zollen, und nähert sich langsam, aber unausweichlich dem heimischen irischen Boden.

Die Landung ist, seiner letzten Körperhaltung vor dem Erdkontakt entsprechend, keine Bauchlandung, sondern eine glatte Rükkenlandung. Erst jetzt läßt Paddy den Hebel los und versucht, aus der Rückenlage wieder auf die Beine zu kommen. Man kann nicht umhin, sich beim Anblick dieses Häufleins Paddy in Rückenlage an „Sumsemann" zu erinnern, den berühmten Maikäfer aus „Peterchens Mondfahrt". Die Versuche, wieder in die Senkrechte zu kommen, werden obendrei noch stark durch Paddys Allzweckhose mit den hochgezurrten Hosenträgern erschwert. Sie schränken seinen Bewegungsspielraum erheblich ein und bewirken schließlich, daß sich Paddy, also „Sumsemann" instinktiv auf sein Erscheinungsbild besinnt und folgerichtig und adäquat zum Dasein eines Maikäfers beginnt, mit Armen und Beinen abwechselnd und im Gegenrhythmus durch die Luft zu rudern, um dort jenen imaginären Halt zu finden, der ihn wieder auf die zur Zeit noch strampelnden Beine bringt.

Und wahrlich: Paddys Supertechnik und Ausdauer obsiegen. Der Trick gelingt. Paddy steht wieder, und eigentlich ist nichts passiert. Aber Paddy erkennt seine Chance blitzschnell und entschließt sich für Action. Wie ein Fußballer der Bundesliga, der soeben einen Strafstoß für seine Mannschaft herausgeholt hat, demonstriert er die Schwere des gegnerischen Fouls und seine Verletzung dadurch, daß er höchst überzeugend, und zwar vorsichtig und zögerlich versucht, und das jedes Mal mit schmerzverzerrtem Gesicht, den dafür ausgewählten Fuß auf das harte Erdreich zu setzen. Genauso, wie beim Fußball, gelingt dies schließlich auch. Und genauso, wie beim Fußball, könnte es jetzt nun weitergehen; denn alle warten ungeduldig darauf. Jedoch Paddy sitzt der Schreck und sein wenn auch nur kurzes Erdendasein als Maikäfer noch zu tief in Körper und Gemüt, und außerdem weiß er, daß mindestens noch zwei Flaschen Guinness hinter einem großen Stein im Schatten stehen, und es wäre doch jammerschade, wenn wir die vergessen. Ich schließe mich ohne alle Vorbehalte seinem Entschluß an, proste ihm zu und sage: „Slantje, Paddy, and good health!"

Paddy, der Hebler

Paddy und der Doktor — Krank sein kann schön sein

Eine reichliche Woche lang nach der mißglückten Gesteinshebung nach Art der alten Ägypter höre ich nichts von Paddy. Dann aber, vormittags gegen zehn Uhr, klopft es an unsere Tür. Das kann nur Paddy sein; denn er benutzt niemals die bronzene Hausglocke oder die Klingel. Und tatsächlich, er ist es. Mit gebrochenem Blick und weit nach oben gezogenen Mundwinkeln, die schon eher an Lefzen erinnern und anzeigen sollen, welch große Schmerzen er hat, deutet er matt und vielsagend auf seinen linken Fuß in Knöchelhöhe und ist dabei sorgsam darauf bedacht, dem leidenden Körperteil mit der Hand nicht zu nahe zu kommen. Er sei nur gekommen, um mir sagen zu wollen, daß er heute nicht zur Arbeit kommen kann, da er nicht laufen kann.

Erst später fällt uns auf, daß er ja, um uns diese traurige Nachricht zu überbringen, gut und gerne anderthalb Meilen gelaufen sein muß, denn Paddy kam weder mit irgendeinem Auto noch mit seinem Fahrrad. Nun ja, eines der zahlreich geschehenden irischen Wunder. Aber in diesem schönen und wundersamen Land, wo Elfen, Feen und Zwerge noch Tag für Tag aktiv in das Tagesgeschehen eingreifen, wundert einen, nach zugegeben längerer Eingewöhnungszeit, eigentlich gar nichts mehr.

Paddy trägt ein Jackett, das man normalerweise nicht an einem helllichten Werktag zu sehen bekommt. Es ist aber nicht sein Kirchgangs-Jakett, sondern rangiert eine Stufe darunter, aber in deutlicher Distanz zu seinem Arbeitsjackett. Dieses Jackett ist so bemessen, daß der mittlere Knopf von ehemals dreien es als einziger schafft, die beiden auseinanderstrebenden Textilhälften noch mal eben so zur Wiedervereinigung zu zwingen. Die Lage auf Paddys Bauch ist dadurch zwar etwas gespannt, verleiht dem Jackett dadurch aber auch eine gewisse Korsettfunktion. Die Ärmel sind in ihrer Länge so raffiniert geschnitten, daß sie den Unterarmen jeder

Zeit freien Austritt aus den Ärmellöchern gewähren, so daß alle handwerklichen Tätigkeiten frei und ungehindert vorgenommen werden können. Kenner der textilen Modeindustrie und Historie könnten völlig zu Recht vermuten, daß dieses Modell außerdem auch wesentlichen Einfluß auf die Damenmode ausgeübt hat und dort später, im Gegensatz zum Jackett Paddys, als besonders chic bis heute weltweit Triumphe feiert.

Doch zurück zu Paddy vor der Tür: Eine mitleidsvolle Bewegung meiner rechten Hand in Richtung seines linken Knöchels deutet Paddy sofort als willkommene Einladung, ins Haus zu kommen, und so zwängt er sich an mir vorbei schnurstracks ins Wohnzimmer, wo er genau weiß, in welchem Schrank und in welcher Ecke die Flasche mit dem Cointreau steht. Nach einer längeren und intensiven Testphase unserer alkoholischen und meist aus Deutschland mitgebrachten Getränke, hat sich Paddy eindeutig für Cointreau als seinen Lieblingsdrink entschieden. Bei diesem herbsüßen, französischen Apfelsinen- und Zitronenlikör blieb er dann auch, von Guinness einmal abgesehen. Aber Guinness fällt ja auch, wie an anderer Stelle erklärt, nicht eigentlich unter „Getränke“, und unter „Drinks“ schon gar nicht. Als Paddy um die Ecke des Wohnzimmers biegt, bleibt er erschrocken stehen. Wir haben Besuch: Friedrich und Jany, zwei gute Freunde aus Wiesbaden. Damit hatte Paddy natürlich nicht gerechnet, und man hört förmlich, wie jetzt die beiden Seiten in Paddys Brust streiten. Auf der einen Seite wäre er natürlich mehr als geneigt, unsere attraktive Freundin Jany mit den Paddy-landesüblichen Begrüßungssitten vertraut zu machen. Auf der anderen Seite spürt er aber doch auch, daß dadurch seine Leidensgeschichte, wegen der er ja eigentlich gekommen ist und die er gleich ausführlich vortragen wird, beträchtlich an Glaubwürdigkeit und Überzeugungskraft leiden müßte, wenn man den Patienten derart aktiv und lebensfroh ans Werk gehen sähe. Also entscheidet er sich schließlich schweren Herzens zu Gunsten der Leidensgeschichte, ohne allerdings verhindern zu können, daß er wenigstens mit seinen jetzt wieder ganz blanken Äuglein und in seiner Vorstellung das „jus primae salutationis“, also den im Kapitel „Paddy und die Frauen“ erwähnten „Schmackes mit Nachschlag“ an Jany vollzieht. Die ahnt mit keiner Wimper, daß sie diesmal nur um Haaresbreite und durch das Einwirken höherer Gewalt ihrem Schicksal entronnen ist. Nachdem diese weiblich bedingte Irritation glücklich überstanden ist, kann Paddy sich nun aber voll und frei von allen Nebeneinflüssen auf die Präsentation seiner Leidensgeschichte konzentrieren.

Die Vorführung gestaltet Paddy so eindringlich und plastisch, daß man an die guten, alten Stummfilmzeiten erinnert wird, wo noch keiner die cinematographische Anstalt verlassen hat, ohne ein naßgeweintes Taschentuch in der Hand. Wir waren also, sowohl in unserer Eigenschaft als Dienstherrschaft als auch in unserer Eigenschaft als Christenmenschen aufgefordert, tätige Nächstenliebe zu üben und Paddy in seinem Schmerz zu helfen. Die Hilfsaktion startet mit einer näheren Besichtigung des Paddy'schen Fußes und Knöchels. Da Paddy aber äußerst gschamig ist und sich nicht vor solch einer großen Menschenmenge so weit entblößt, daß sein linker Fuß sichtbar wird, zieht er es vor, von meiner Frau, die ohnehin zu meinem großen Leidwesen auf jedermann die zeitraubende Anziehungskraft einer Rotkreuzschwester oder Seelsorgerin ausübt, ins Badezimmer gebracht zu werden. Dort entledigt sich Paddy unter Ächzen und Stöhnen seines linken Schuhes und dann der nunmehr freigelegten Socke.

Der Anblick des jetzt nackten und frei sichtbaren Teilstückes von Paddy veranlaßt meine Frau, ohne Umschweife und Gewissensbisse sofort und gegen ihr Gelübde, als ethisch gefestigter Freund der Mühsamen und Beladenen zu verstoßen. Unter dem Vorwand der Ernsthaftigkeit des Falles schickt sie mich ins Badezimmer an die Front. Paddy bietet ein erbarmungswürdiges Bild. Wie der heilige Sebastian in seiner ausdrucksstärksten Pose sitzt er auf dem kleinen Holzschemel und stemmt den linken Fuß gegen die Badewanne. Die Badewanne ist weiß, und das ist Paddys Verhängnis, denn so weiß habe ich sie, dank des durch Paddys Fuß erzeugtem Kontrastprogramm noch nie gesehen. Um es nicht länger poetisch zu umschreiben, und um den Tatsachen ins Gesicht und Paddys Fuß in die Zehen und auf den Knöchel zu sehen: Der Fuß ist dunkelgrau mit einem stellenweisen Hang zum Schwarz. Eine Schwellung oder sonst dergleichen ist, wie ich glaube, nicht nur wegen der hautintegrierten Dunkelheit um den Knöchel herum, nicht zu erkennen. Dennoch mache ich mich mit meiner „Schwarzarbeit" ans Werk und massiere sanft und vom rhythmischen Stöhnen Paddys begleitet meine letzten Reste an Mobilat in die komischerweise babyhaft weiche Haut ein. Doch das führt zunächst zu nichts, da durch die Gesetze der Farbenlehre sich jetzt das Weiß des Mobilats mit dem Schwarz des Fußes mischt und ein durchaus attraktives Grau ergibt, nicht unähnlich jenem modischen Grau, das die Zylinder der Herren auszeichnet, wenn sie sich alljährlich auf Ascots berühmtem Rasen beim Derby ein Stelldichein geben. Das sieht zwar ganz reizvoll aus, hilft aber doch in unserem Falle bestimmt nicht der optimalen Wirkung von Mobilat. Wir kommen also nicht ohne Wasser aus, reichlich Wasser, und der dadurch zu Tode erschrockene linke Fuß Paddys färbt sich minutenlang rot, bis er wieder seine normale Farbe annimmt. Seine Haut ist jetzt nicht nur babyhaft sanft, sondern auch babyhaft weiß und glatt. Ich halte also ein Stück Paddy in der Hand, das auch der größte Optimist nicht unter solch einer Hose und solchen Socken, die den Geruch von Arbeitsamkeit und waschwasserlicher Enthaltsamkeit verbreiten, vermutet hätte. Es macht jetzt nahezu Freude, das weiße Mobilat in die weiße Haut einzureiben, und als ob er diese Wandlung verspürt hätte, klingt Paddys Stöhnen jetzt weitaus melodischer und beinahe lieblich.

Meine Frau hatte sich in der Zwischenzeit unter Zuhilfenahme eines Cognacs wieder gefangen und bot sich an, die Verletzung ihrer Krankenschwester- und Pastorenpflicht von eben wenigstens einigermaßen wieder gut zu machen und Paddy sicherheitshalber zu unserem Hausarzt Dr. Malone ins nächste Dorf zu fahren. Paddy stimmt freudig zu. Er liebt das Autofahren und auch gegen Dr. Malone hat er nichts einzuwenden, solange dieser seinen Fall als besonders ernst einstuft und ihm nicht weh tut oder versucht, seine enge Freundschaft zum Guinness in irgendeiner heilmedizinischen Form zu erwähnen und in seine Ratschläge einzubeziehen. Also, auf geht's zu Doktor Malone ins Wartezimmer. Paddy genießt den gesamten Ablauf und besonders seinen Auftritt im Dorf in vollen Zügen. Er spielt den Schwerverletzten so hervorragend, daß er dank dieser starken schauspielerischen Leistung endlich mal wieder so richtig im Mittelpunkt des öffentlichen Interesses steht, besonders wenn das dabei zwangsläufig entstehende Mitleid aus den Worten und Gesten von Damen kommt. Weibliches Mitleid, wenn man schon keine Zärtlichkeit ergattern kann, ist halt allemal besser als gar nichts und ist Balsam auf Paddys wunde Seele, denn der Fuß braucht den Balsam ohnehin nicht. Allein die Vorfahrt vor Dr. Malones Praxis in einem fast neuen, silbergrauen Audi A4 mit einer sportlicheleganten-, sowie blonden und hübschen Fahrerin, hat Paddy bei all den Umstehenden und besonders bei den Einheimischen viele Punkte eingebracht. Jetzt schickt er sich an, aus der reinen Zeremonie des Aussteigens alles herauszuholen, was drin ist. Er zögert den Vorgang also bewußt hinaus und bekommt dadurch einzigartige Möglichkeiten, die Schwere seines Falles und die eigene Paddy'sche Heldenhaftigkeit zu demonstrieren. Ab und an, um die Wirkung zu verstärken, hält er in seinen Bemühungen, sich schmerzhaft-langsam vorwärts zu bewegen, mit deutlichen Anzeichen von Erschöpfung inne und verwendet diese Pausen, um einigen Umstehenden zuzuwinken. Er tut dies mit einer Grazie, die eine ähnliche Ausbildung wie Queen Mum sie genoß, vermuten läßt. Bedächtig und würdevoll bewegt er seine riesige rechte Hand in Augenhöhe hin und her, ohne je auf den Fehler zu verfallen, diese Bewegung zu schnell auszuführen, ein Fehler, an dem viele scheitern und an dem man sofort die Nichtzugehörigkeit zum Hochadel oder sonst etwas Bedeutendem erkennt.

Das Wartezimmer ist voll besetzt. Das ist Paddy gerade recht und bereitet ihm große Zufriedenheit. Er wartet deshalb auch geduldig, bis er an die Reihe kommt, ja, er läßt sogar – Gentleman like – noch eine Mutter mit ihrem kleinen Mädchen vor und unterdrückt nicht nur erneut seine Schmerzen, sondern sammelt auch durch dieses mannhafte und überaus tapfere Verhalten im Innenraum nochmals wertvolle Punkte. Nach mehr als einer Stunde ist Paddy ärztlich versorgt, und überglücklich steigt er wieder in den Audi ein, um sich von seiner Chauffeuse bis zum heimischen Cottage fahren zu lassen. Erschöpft aber glücklich sinkt er auf den einzigen Stuhl in seinem Wohnraum. „Thank you, Missis, thank you. What a day!“

DOCTOR
Paddy
demonstriert
würdevolles Leiden

Kevin in Seenot — Wie man Freunde gewinnt

Natürlich heißt Kevin mit Nachnamen O'Sullivan, so wie jeder zweite hier im Dorf. Deshalb wäre es auch sinnlos, wollte irgendein Fremder Kevin finden, nach Mr. O'Sullivan zu fragen. Kevin heißt Kevin. That's it. Kevin hätte eigentlich den kleinen Bauernhof seines Vaters John Patrick übernehmen sollen, aber Kevin ist kein Farmer. Kevin ist Fischer. Er liebt das Meer. Nur widerwillig treibt er die kleine Kuhherde die Dorfstraße entlang zur nächsten Wiese und schaut dabei sehnsüchtig nach links, oder besser gesagt, nach backbord, wo in kaum einhundert Meter Entfernung der Atlantik ans Ufer spült und dabei diese wundersame und betörende Melodie ertönen läßt. Er erzeugt diesen Klang dadurch, daß er eine Welle nach der anderen zunächst den Strand hinauflaufen läßt und sie dann, eingehüllt in weißen Gischt, über die glitzernden Kieselsteine und Muschelschalen wieder ins Meer zurückholt, genau so, wie eine besorgte Mutter ihr Kind zurückholt, das sich zu weit von ihr entfernt hat. Das Hinauflaufen auf den Strand und das Zurückholen ins Meer ergeben dabei zwei ganz verschiedene Klänge, die aber beide doch wieder in vollendeter Harmonie zueinander stehen, und die uns Menschen immer wieder zum Träumen anregen und zum Meditieren, so wie kein zweiter Klang sonst auf dieser Welt.

Sobald seine Tätigkeit als Farmer es Kevin erlaubt, sieht man ihn quer über unser naturbelassenes Grundstück laufen hinunter zu der kleinen und geschützten Bucht, wo unsere beiden Boote an der Boje liegen, um zum Fischen hinauszufahren. Die Art der Meerestiere, auf die Kevin es abgesehen hat, richtet sich dabei ganz nach der Jahreszeit und manchmal auch nach den eigentlich auch vorhandenen Gesetzen und Bestimmungen. Im Sommer sind es Makrelen und Pollacks, ein Fisch, der mit unserem Dorsch verwandt ist, und im Herbst sind es Lobster und Scallops, also Hummer und Jakobsmuscheln, und ab und an auch die großen Taschenkrebse, die sich als Beifang in dem Lobsterpot befinden. Kevins Boot liegt etwa sechzig Meter von meinem Boot entfernt, so daß wir uns zwar öfter mal sehen und auch zuwinken, – „Morning Mister Fletcher“ – aber selten direkten Kontakt in dem kleinen Naturhafen haben.

Es muß also schon ein ganz besonderer Grund dahinter stecken, wenn sich Kevin aufmacht und am Ufer entlang durchs flache Wasser direkt auf mich und mein Bootshaus zusteuert. „Nur mal eben so“ gibt es nicht bei Kevin und gehört auch ganz generell in Irland nicht zu den Nationaltugenden. Kevin steht dann also schließlich direkt vor mir und eröffnet, nach einer ordnungshalber eingestreuten Schweigeminute das Gespräch: „Nice weather, Mister Fletcher, nice weather!“ Ich bestätige diese offenkundig der Wahrheit entsprechende Aussage und verstärke sie noch dadurch, daß ich hinzufüge, daß wir diese paar Sonnentage wirklich dringend brauchen.: „I think we need the sunshine.“ Kevin seinerseits hat hierzu keine Einwände: „Yes, Mister Fletcher, we need some sunshine.“ Jetzt bin ich wieder dran und erkläre mich mit seiner Einschätzung der meteorologischen Lage solidarisch: „Yes, we need it!“ Dann, gemäß einer uralten Dramaturgie, schweigen wir beide wieder für eine Weile. Das Schweigen ist ein fester Bestandteil eines irischen Gespräches und ist genau so wichtig und aussagekräftig, wie das gesprochene Wort, manchmal sogar noch wichtiger und entscheidender. Dann gibt sich Kevin innerlich einen Ruck und pirscht sich verbal näher an das eigentliche Problem heran, das er zweifellos hat, und das er mit mir besprechen möchte.

Bis zu diesem Zeitpunkt habe ich nicht die leiseste Ahnung, worum es sich bei dem Problem handeln könnte. „Nice boat“, sagt er und tätschelt mein Boot, so, wie er manchmal sein braunes Pony tätschelt, wenn es gute Arbeit geleistet hat beim Transport der Kartoffeln oder der Kraftfuttersäcke. Diesmal brauche ich nicht zu antworten, denn relativ schnell hängt Kevin den Fragesatz an, der uns endgültig in das Epizentrum seines Anliegens führt: „You have any water in your boat?“ Diese Frage ist etwas sonderbar und scheinbar unsinnig, denn es hat seit acht Tagen nicht geregnet.

Aber Kevin braucht diesen Verzögerungssatz, um nicht zu schnell zum Kern seines Problemfalls zu gelangen.
Zu schnell und zu direkt seine Bitte oder Meinung über was auch immer vorzutragen, verwirrt einen richtigen Iren und verstößt eindeutig gegen Tradition und gegen die guten Sitten im Umgang miteinander. Da dies aber nun wiederum eine ausgesprochen und von allen perfekt beherrschte deutsche Nationaleigenschaft ist, wundert es mich bis heute immer wieder, daß die Iren ein solch herzliches und betont freundschaftliches Verhältnis zu allem haben, was deutsch spricht. Selbst Schweizer und sogar Österreicher profitieren davon. Es müssen also andere Gründe sein, und es sind auch andere.

„No, Kevin“, antworte ich, „there is no water in my boat.“ Genau diese meine Aussage aber brauchte Kevin, um die Entscheidung zu fällen, daß in unserem Gespräch nunmehr „the moment of truth“ gekommen sei. Fast ein wenig verschämt vertraute er mir an: „In my boat there is water.“ So, jetzt war es heraus, und der Fall lag damit klar und eindeutig nicht nur vor Mister Fletcher, sondern auch bei Mister Fletcher, dem Mann, dem Kevin und noch viele andere im Dorf so ziemlich alles zutrauen, was mit der Lösung von Problemen irgendwie zu tun hat. Denn Mister Fletcher ist ja schließlich aus Germany, und ein Mann aus Germany kann das und weiß das. Wir Iren brauchen das alles ja auch gar nicht zu wissen, denn letztlich wurden wir sehr lange Zeit durch die Engländer unterdrückt und außerdem haben wir statt dessen überall höchst gemütliche Pubs und spielen auf der Tinwhistle und dem Harmonium und singen unaufgefordert Lieder mit achtzehn Strophen und mehr und sind doch eigentlich sehr, sehr nette Leute.

Damit hat Kevin nun wirklich mehr als Recht. Aber zur Lösung von Problemen kann man diese ansonsten so lobenswerten und erfreulichen Talente nur schwerlich verwenden, also auch nicht für das akute Problem: Wie kommt Wasser in Kevin's Boot, obwohl es mehr als eine Woche lang nicht geregnet hat? Also gehen wir gemeinsam zum Boot.

Das Boot ist nicht sonderlich gepflegt, aber auf der nach oben mehr als offenen irischen „Dirtskala“ würde es noch mit einer drei minus davonkommen. Was aber ganz entscheidend stört bei der Beurteilung der gewünschten Seetauglichkeit von Kevin's Boot, sind die dreißig Zentimeter Wasser, die im Boot stehen und worauf all das lustig herumschwimmt, was zum Bootsinventar gehört und leichter ist als Wasser. Und das ist einiges! Da Kevin jetzt, so wie ich ihn kenne, keine langen Diskussionen von mir erwartet, sondern eine klare Anordnung von Mister Fletcher, was nun geschehen soll, komme ich diesem Verlangen auch sofort nach und sage Kevin, daß er das Boot so schnell wie möglich zu einer fünfhundert Meter entfernten und pierähnlichen Stelle in der Bucht bringen und es dort Kiel oben, weit genug vom Wasser bei Flut entfernt, auf zwei Holzböcke legen soll. „O. k., Mister Fletcher, tomorrow!“ Man muß wissen, daß „tomorrow“ im irischen ungefähr die gleiche Bedeutung hat, wie bei uns das Wort „sofort“. Mit anderen Worten: Kevin ist entschlossen, in diesem Notfall, diesem „case of emergency“ höchste Eile an den Tag zu legen, und das muß er auch, denn sein Boot hat zweifelsfrei ein Leck. Am nächsten Nachmittag liegt das Boot an Land. Es liegt zwar nicht auf Holzböcken, sondern auf zwei prall mit Torf gefüllten Jutesäcken, aber doch wenigstens so, daß man sich mit einiger Mühe unter das Boot zwängen kann. Dort angelangt bemerke ich zu meiner Verwunderung, daß Kevin tatsächlich den Versuch unternommen hat, sein Boot vor der anstehenden Operation zu reinigen. Er hat diesen Versuch zwar schnell wieder abgebrochen, aber immerhin: Man kann sehen, was los ist. Und das sieht man jetzt wirklich deutlich. Im Schiffsboden ist ein etwa fünfzehn Zentimeter langer Riß, durch den das Tageslicht dringt. Es ist also kein Haarriß, sondern ein ganz solider und ausgewachsener Riß. Damit steht die Diagnose eindeutig fest und es bedarf keinerlei weiterer Nachforschungen. Mit diesem Riß würde Kevin auch nach sechs Monaten permanenter Trockenheit stets genügend Wasser im Boot haben, damit er keine heißen Füße bekommt, und eine Fahrt damit aufs offene Meer hinaus müßte man auch bei größtem Optimismus in die Kategorie „Auf keinen Fall empfehlenswert“ einstufen.

Noch am selben Tage mache ich mich an die Arbeit. Ich hole meinen aus Deutschland mitgebrachten Reparatursatz für Kunststoffboote und kratze den Riß zunächst einmal sorgfältig aus. Dann reinige ich ihn und seine unmittelbare Umgebung mit Benzin. Schließlich raue ich die gesamte Fläche um den Riß herum mit Sandpapier auf und verspachtele den Riß mit Spezialkitt. Nach der Trocknung überklebe ich das ganze mit einem Stück Kunstfaservlies und ziehe noch eine Schutzfolie darüber. Zum Abschluß werden noch zwei Schichten bester Bootsfarbe aufgestrichen. Fertig! „Well done“, sage ich zu mir, denn die ehemalige Schadensstelle weist jetzt sogar gewisse ästhetische Reize auf, im krassen Widerspruch zu Anmut und Schönheit des sonstigen Interieurs, daß meinen so kunstvoll dekorierten Riß im Boot umgibt.

Am nächsten Tag aber sehe ich Kevin, wie er ganz ungewöhnlich eilig zum Meer hinab läuft und nach wenigen Minuten mit dem mir jetzt so wohlvertrauten Boot hinausfährt. Als er dann auch noch, nach drei bangen Stunden des Wartens, tatsächlich heil zurückkommt, finde ich es an der Zeit, mit einem doppelten Jameson darauf anzustoßen. Operation gelungen – Patient schwimmt! Dann höre ich drei Tage nichts. Am Abend des vierten Tages aber, als wir vom Einkaufen nach Hause kommen, hängt etwas an unserer hinteren Haustür. Es ist ein großer, brauner Sack, oben mit einer knallgelben Schnur verknotet. Im Sack finden wir einen schönen, großen und noch lebenden Hummer mit zusammengebundenen Scheren und sechs große Taschenkrebse, die, wenn man weiß wie's geht, ganz vorzüglich schmecken. Was aber fast noch mehr wert ist für mich nach dieser gelungenen Bootsreparatur: Mister Fletchers Ruf als Mann aus Germany, der nahezu alles kann, ist beträchtlich gewachsen; denn die Kunde über das Bootswunder verbreitete sich in Windeseile. Ich sehe dieser Entwicklung mit sehr gemischten Gefühlen entgegen, denn ich kenne den Zustand der irischen Boote um mich herum ziemlich genau. Und das macht mir Sorgen, große Sorgen.

Der Dank für die Errettung aus Seenot

Das Telegramm — Große Ereignisse werfen ihre Schatten auch noch hinterher

Unser Postbote hat ein Fahrrad, das jedermann überzeugend vor Augen führt, daß auch konsequente Nichtpflege die Widerstandskraft und den Überlebenswillen von Technik und Material zu Höchstleistungen anspornen kann. Darüber hinaus verfügt unser Postbote über einen weißgelockten Charakterkopf, der den verantwortlichen Regisseur der Oberammergauer Passionsfestspiele sofort veranlassen würde, die Rolle des Petrus umzubesetzen und zwar mit John Crawley, so heißt unser Postbote. Der hat zwar bisher noch keine tragende Rolle auf der Bühne oder im Film gespielt, aber immerhin hat man ihn vor Jahren schon als Alleindarsteller zusammen mit seinem Fahrrad auf einer Postkarte abgelichtet. Der Hintergrund besteht natürlich nicht aus irgendeinem Haus oder auch gern genommenen Ruine, sondern aus einem pinkfarbenen – und ebenso wie John – realexistierenden Pub des Dorfes. Der Einheimische sieht also nur gute, alte Bekannte auf der Ansichtskarte. Man muß außerdem sagen, daß John und der Pub sowohl formal als auch von der Farbgebung her, eine gelungene Symbiose ergeben, eine Symbiose, die es ja auch im wirklichen Leben gibt und die sich hervorragend bewährt hat. Leider hat man John für die Prozedur des Ablichtens und die sich daraus ergebenden Veröffentlichungs- und Vervielfältigungsrechte kein angemessenes Honorar gezahlt, sondern hat dieses Problem durch den Transfer von Naturalien gelöst. John bekommt auf Lebenszeit und so lange die Karte gedruckt wird, drei Dutzend Exemplare pro Jahr frei Haus geliefert, wobei das „frei Haus" insofern nicht richtig ist, da es ja John in seiner Eigenschaft als Postbote ist, der seine eigenen Postkarten „frei" in sein eigenes „Haus" liefert. Der Vertrag wäre also wahrscheinlich juristisch anfechtbar, aber John ist es zufrieden, wenn ihm der Ansichtskartenlieferant zwei- bis dreimal im Jahr als freiwilligen Aufschlag auf die

Naturalie Postkarte noch eine Naturalie im Glas beschert, und das ist ein Guinness.

John wohnt in seinem kleinen Haus drei Meilen westlich vom Ort und recht hübsch an einem ginstergelb blühenden Berghang gelegen. Seine eigentliche Heimat aber und sein wirkliches Zuhause ist der Pub. John liebt seinen Beruf als Postbote mit einem Lieferungs- und Einzugsbereich von etwa sechs Meilen im Durchmesser. Er liebt die Menschen, und nichts ist schöner für ihn, als wenn er diesen Menschen, egal ob Leute aus dem Dorf oder völlig Fremde, auch einige seiner vielen, amüsanten Geschichten erzählen und auch ein wenig philosophieren kann. Das tut jeder irische Story-teller. Dabei versucht er stets – und das seit vielen Jahren – auch sein Haus am gelben Ginsterhang zu verkaufen. Das ist ihm zwar bisher noch nicht gelungen, aber das macht nichts. Das Angebot gehört als fester Bestandteil seines Vortrages einfach dazu, ceterum censeo etc..

Genau betrachtet hat John natürlich recht, wenn er sein Haus verkaufen will. Es gibt sieben Pubs im Dorf und überall sitzen gute Freunde und Bekannte, und alle mögen John überaus gern. Also, wozu braucht er ein Haus, in dem er mutterseelenallein sitzt und das nur Arbeit macht, und das nicht einmal einen Tresen mit blankpoliertem Zapfhahn aus Messing hat. So ein Haus ist völlig untauglich und überflüssig für Johns Bedürfnisse und den Erhalt einer angemessenen Lebensqualität. Nein, John braucht sein Haus wirklich nicht.

Eines Abends verabrede ich mich mit meinem Freund Karl, um im Dorf ein Bier zu trinken und ein bißchen über die wesentlichen Dinge im Leben zu reden: Boot, Fischfang, Neumond, Tide, Wetter und Uhrzeit für die nächste Ausfahrt. Karl kommt drei Meilen vom Westen, ich komme drei Meilen vom Osten, und unser Treffpunkt ist diesmal „Ryans Pub“. Durch Zufall treffen wir beide gleichzeitig vor dem Pub ein und betreten ihn also auch gleichzeitig. Drinnen ist es rappelvoll und es herrscht jenes babylonische Stimmendurcheinander mit sich überbietender Lautstärke, daß man sich hinterher, wenn man den Pub verlassen hat, stets aufs neue wundert, wieso man freiwillig in diesen Knäuel von redenden, lachenden und singenden, halb- und ganz betrunkenen und streng riechenden Mitbürgern eingetaucht ist, und wie um alles in der Welt man es drei Stunden und mehr darin ausgehalten hat. Rätsel über Rätsel, und unlösbar!

Wir tauchen also ein. Aber bevor uns das ganz gelingt und wir uns durch ein erstes Glas wenigstens notdürftig betäuben können, um soziales Verhalten an den Tag zu legen, sehen wir John. Genauer gesagt, er sieht uns und erhebt sich sofort von seinem Stammplatz an der Theke, um laut rufend und gestikulierend auf uns zuzusteuern. Er zwängt sich durch die dichtgedrängte Ansammlung von schafwollenen Connemara-Pullovern und Tweed-Jaketts und steht schließlich mit leuchtenden Augen vor uns. Die wahre Beziehung und Freundschaft zu meinem Freund Karl, wegen des bereits gestiegenen Alkoholpegels ein wenig übertreibend, schlägt er ihm kräftig auf die Schulter und ruft laut und triumphierend: „Hallo, Mister Gohde, the telegram, the telegram!"

Dieser besagte „Mister Gohde", den John soeben mit seinem Schlag auf die Schulter noch ein wenig kleiner gemacht hat, als er ohnehin schon ist, heißt – laut amtlichem Familienstammbuch – nicht „Gohde", sondern „Göhde". Doch diese zwei Pünktchen über dem O sind allen englisch sprechenden Völkern höchst suspekt, so daß sie, das stillschweigend selbstverständliche Einverständnis des Betroffenen voraussetzend, sie einfach ignorieren und als einen zwar befremdlichen, aber im Sinne der Völkerverständigung verzeihlichen und gerade noch tolerierbaren faux pas einstufen. So großzügig und beispielhaft können das Demokratieverständnis und die Toleranz britisch geprägter Denkungsart sein. Mit dem Ausruf „the telegram, the telegram" ist Johns Willkommensgruß für Karl offensichtlich beendet, denn mit zufriedenem Gesicht rudert er wieder in Richtung Tresen, wo er seinen Stammplatz nur vorübergehend aufgegeben hat. Alle respektieren den kleinen Ausflug und machen bereitwillig Platz.

Karl, also „Mister Gohde", läßt sich nach dieser Mitteilung nicht davon abhalten, sofort zurück nach Hause zu fahren, um dort das

»Hallo Mister Gohde«
17 59
GUINNESS
is good for you
... the telegram - the telegram

Telegramm zu lesen. Da er Kaufmann ist, kann ja immer mal etwas passieren, was wichtig für ihn ist und einer sofortigen Bearbeitung bedarf. Nach vierzig Minuten kommt er wieder zurück. Ich schaue ihn fragend an, aber er begibt sich sofort an die Theke, wo John, nunmehr in Höchstform, seine Geschichten erzählt und den Börsenkurs der Guinness-Aktie zu einem neuen Höchststand verhilft. Unter Außerachtlassung aller sonstigen irischen Gepflogenheiten und Präliminarien bei der Eröffnung eines Gespräches wählt Karl diesmal den germanisch-direkten Weg und fragt: „John, where is the telgramm?" John sichert zunächst sein Pint mit beiden Händen und schaut dann den Fragesteller freundlich, aber auch verwundert an. „Which telegramm, Mister Gohde?" Karl, nunmehr etwas unbeherrschter: „You told me forty minutes ago about a telegram for me!" John denkt angestrengt nach und es gelingt ihm tatsächlich, auch den sanften Schleier in sich und vor sich wenigstens vorübergehend zu durchdringen. „Oh, that telegram", erwidert er und freut sich jetzt ungemein, sachdienliche Mitteilungen zu dem Problem machen zu können, die den ansonsten so freundlichen „Mister Gohde" heftig erregen: „That was the telegram from last year!" – „From last year?" – „Yes, I only reminded you of that telegram!"

Was hier geschehen ist, kann man nur dann richtig verstehen, wenn man weiß, daß das Zustellen eines Telegramms zu den absoluten und unvergeßlichen Höhepunkten im Leben eines irischen Landbriefträgers gehört, und daß sich John, mangels anderer Höhepunkte in seinem Leben, deshalb auch oft und gern daran erinnert. Das kann durchaus im nächsten Jahr wieder passieren. „Have a drink, Mister Gohde. Slantje!"

Die Nachricht —
Keine Nachricht ist auch eine Nachricht

Nur wenige Wochen später bringt John meinen Freund Karl erneut ins Grübeln und läßt bei ihm Zweifel aufkommen, ob er mit seiner kontinentalen Erziehung und Denkstruktur überhaupt je in der Lage sein wird, die sehr spezielle Art des irischen Denkens und Handelns nachvollziehen zu können. Es geschieht an einem Dienstagnachmittag. Karl befindet sich einhundert Yard von seinem hoch auf dem Hügel gelegenen Haus entfernt unten an der Pier, wo sein zwanzig Fuß langes Boot liegt, und arbeitet mal wieder an seinem Volvo-Dieselmotor. Unkundigen muß man hier erklären, daß dies eine Tätigkeit ist, die zum integrierten Bestandteil eines jeden gehört, dem das Schicksal die Leidenschaften Fischen und Bootfahren zugeteilt hat. Diese beiden Passionen führen zwangsläufig dazu, daß man außerhalb der Frönung derselben niemals Zeit für etwas anderes hat, und daß man entweder nach Fisch riecht, also nach Makrele oder Dorsch, oder nach Dieselöl und nach Getriebefett. Ein weiterer Duft hat bei der alles vernichtenden Dominanz dieser beiden Odeurs so gut wie keine Chance. Bestenfalls gelingt dies noch der alten Sunlicht-Kernseife, aber auch nur dann, wenn man aus historischen Beständen diejenige verwendet, die noch richtig aus Knochen gekocht wurde.

Karl steht also im Boot in einem Outfit, das vollkommen seiner Arbeit mit Ölen, Fetten und anderen Schmiersubstanzen angepaßt ist. Diese haben auf Händen, Armen, Gesicht und Textilien bereits deutliche Spuren hinterlassen und zeugen von maritimer Tatkraft. So muß ein Sailor aussehen, oder so ähnlich wenigstens. Hinzu kommt noch das Eigenprodukt seiner Transpiration, das unausweichlich entsteht, wenn man auf engstem Raum und Aug in Aug mit Kolben, Zündkerzen und Ölfilter steht. In diesem Augenblick, der mit zu den Höhepunkten im Leben eines Skippers zählt, hört Karl undeutlich und aus weiter Ferne eine Stimme. Sie ruft etwas,

was er nicht verstehen kann. Er klettert aus der Motorbox ins Boot und kann nunmehr ausmachen, was der Rufer, der hoch oben auf der Terrasse seines Hauses steht, in seine Richtung brüllt: „Mister Gohde, Mister Gohde!“ Wie bereits erwähnt, heißt Karl eigentlich Göhde, aber das kann kein Ire aussprechen. Dabei winkt der Rufer heftig und schwenkt sogar seine Mütze, eine Dienstmütze; denn der Rufer ist John Crawley, der Postbote.

Karl schnappt sich den nächstbesten Lappen, schüttet reichlich Petroleum darüber und schickt sich in großer Eile an, sich wenigstens so weit zu reinigen, daß er wieder Menschen – und sei es auch nur John – unter die Augen treten kann. John hat offensichtlich bemerkt, daß Karl ihn gesehen hat und stellt seine sirenenhaften „Mister Gohde“- Gesänge ein. Es ist wieder ganz still am Atlantik, bis auf das leise Hinaufrieseln der Wellen auf den Sandstrand. Karl hat seine Trennung von Öl und Fett abgeschlossen, zieht das Boot an der Fangleine zur Pier und steigt aus. Dann hastet er die zahlreichen Stufen empor, denn ihn erfüllt die Ahnung, daß es sich um etwas Besonderes handeln muß, wenn John solch ein Theater aufführt. Er wundert sich allerdings, daß John, der ansonsten ausgesprochen hilfsbereit und höflich ist, nicht die Stufen zu ihm hinabklettert, um sein Produkt loszuwerden, sondern daß er ihn, der er ja Postkunde ist, zu sich hinaufklettern läßt. Aber vielleicht ist es ja auch etwas sehr Schweres oder Zerbrechliches. Außer Atem und mit rotem Kopf kommt Karl oben an und stürzt auf die Terrasse, von wo aus John ihm zugerufen hat.

Hier ist es vollkommen still, und es bietet sich Karl ein Anblick des tiefsten Friedens. John hat es sich, da tatsächlich die Sonne mal wieder scheint, in einem Liegestuhl auf der Terrasse bequem gemacht und schläft. Seine blaue Postlerjacke hat er, sich selbst Marscherleichterung verordnend, abgelegt. Die Mütze liegt mit dem Inneren nach oben auf dem Boden, damit der Schweißrand trocknen kann. Sein Hemdkragen steht weit offen. John genießt den Sonnenschein und die Ruhe und den freien Blick auf den Atlantik und überhaupt alles, was ihm hier auf der Terrasse geboten wird. John schnarcht, nicht laut, wie man das von einem trainierten Guinness-

Trinker erwartet hätte, sondern luftig leicht, so wie es klingt, wenn man beim Radfahren in einen Glassplitter gefahren ist und die Luft leise zischelnd dem Schlauch entweicht. Karls Schnaufen, das sich ob des soeben zurückgelegten Höhenunterschiedes immer noch nicht gegeben hat, läßt John erwachen. Mit blinzelnden Augen, da er gegen die Sonne blickt, gewahrt er Karl und wird nunmehr sofort Beamter und Angestellter der Irischen Post auf dienstlichem Besuch bei einem Kunden. Er erhebt sich ein wenig taumelnd und verschlafen aus dem Liegestuhl und nimmt sogar so etwas ähnliches wie Haltung gegenüber Karl an. „Oh, Mister Gohde, good to see you!" Und dann noch: „Nice afternoon." Karl, wohlvertraut mit irischen Verhaltensregeln bei Ankunft und Abschied, erwidert, zwar immer noch etwas kurzatmig, aber doch irgendwie beruhigt und auch erwartungsvoll: „Good afternoon, John, a very nice afternoon."

Damit war der erste Teil der Pflicht beendet, und Karl drängte es nun, den postalischen Anlaß für Johns Hiersein und ausgiebigem Aufenthalt zu erfahren. Aber noch bevor Karl ansetzen kann, um nach dem Paket oder der besonders wichtigen Eilzustellung zu fragen, ergreift John erneut die Initiative, geht mit seinem strahlendsten Lächeln auf Karl zu und gibt ihm die Hand. Das ist allerdings für den Kenner ein Zeichen, daß sich John doch nicht so ganz wohl fühlt in seiner Haut, denn normalerweise geben Iren nie die Hand, höchstens mal, um dem netten Mister aus Deutschland einen Gefallen zu tun. Auch sein Lächeln war zwei Grad zu strahlend. Doch nach dem Händedruck kommt dann endlich die Botschaft, auf die Karl so lange gewartet hat: „Mister Gohde, no post today!"

Das war zwar bestimmt nicht genau die Botschaft, auf die Karl gewartet hat, aber es war die einzige, die John heute für ihn bereithielt und abliefern konnte. Und jetzt beginnt Karl langsam den ganzen Vorgang mit all seinen fein abgestimmten Details zu begreifen. Es war keine Trägheit oder Unlust, die John veranlaßt hatte, nicht selbst nach unten zur Pier zu laufen, und statt dessen „Mister Gohde" den Hang hoch zu hetzen, oh, nein! John war so höflich und hilfsbereit wie eh und je. Es war ausschließlich die noch nüchterne Feststellung in seinem Kopf, daß es unten beim Boot mit Sicherheit

Die Nachricht

keinen Whiskey für ihn gab, sondern nur hier oben, wo gleich hinter der Küche Karls Vorräte lagerten. Also mußte er, John, so leid es ihm auch tat, meinen Freund Karl unter Anwendung einer des Odysseus würdigen List und ohne zu schwindeln oder seine Dienstpflicht zu verletzen, von unten nach oben bekommen. Karl, die Komplexität der Lage nunmehr voll erfassend, reagiert instinktiv richtig und tut das einzig Wahre, um diese sich anbahnende, Tragödie doch noch zu einem für alle Beteiligten vertretbaren und positiven Ende zu führen. Ohne ein Wort der Verwunderung oder gar des Zornes begibt er sich in den Vorratsraum und holt Flasche und Gläser, diesmal ist es der natürlich ebenfalls irische „Jameson“.

Damit seine Garderobe einwandfrei ist und der alsbaldigen Begegnung mit einem doppelten Jameson entspricht, zieht John seine blaue Postlerjacke wieder an, entfernt sogar imaginären Staub, der auf dem Tuch mit den vielen Flecken verschiedenster Herkunft liegen könnte, und setzt seine Dienstmütze wieder auf. „Slantje, John“, – „Slantje Mister Gohde!“ Damit ist die Weltordnung wieder hergestellt, und John macht sich daran, die neuesten oder auch älteren Geschichten aus dem Dorf, aus dem Kingdom of Kerry, aus Dublin und aus der großen weiten Weltpolitik zu erzählen. Dabei läßt er konsequent niemals Zweifel aufkommen, daß letztlich alles Übel auf dieser Welt und alles Böse zurückzuführen ist auf Sir Oliver Cromwell, der 1649 nach einer langen Unterdrückungszeit den Aufstand der Iren niedergeschlagen hat, und der niemals, und das schwört er, niemals zu seinen Freunden zählen wird. „Cromwell? – Bad man, very bad man!“

James im Paradies — Und er redete mit den Tieren

James O'Neill ist, wie achtzig Prozent aller Männer um uns herum, ein bachelor, ein Junggeselle, und wohnt eine halbe Meile von uns entfernt in einem Cottage, das umgeben ist von drei Seen und geschützt in einer Mulde liegt, direkt hinter dem Atlantik. Auch hier fragt man am besten nicht nach Mister James O'Neill, wenn man zu ihm möchte, sondern nach James from the Lakehouse. Das Wort „idyllisch" wäre für eine nähere Beschreibung seiner Location durchaus angebracht, wenn man die ohnehin manchmal fragwürdig scharfe Linse in seiner Augenkamera durch eine Softlinse, einen Weichzeichner, ersetzt. Diesen Weichzeichner braucht das Anwesen von James allerdings dringend, um eben doch noch zu der Gesamtbeurteilung „idyllisch", besser „irisch-idyllisch" zu kommen.

James wohnt weit ab vom „Ring of Kerry" und Fremde oder Touristen verirren sich eigentlich niemals hierher. Hier ist, wie oft in Irland, „worlds end" angesagt, und die schmalen Wege mit den höher liegenden Grasstreifen in der Mitte, die „boreens", machen jeder Bodenwanne eines möglichen Eindringlings per PKW so schwer zu schaffen, daß er nach kurzer Strecke aufgibt. Weitere Sperren und Hindernisse, um zu James zu gelangen, bestehen aus drei Gattern, deren Öffnungsmechanismen auch Personen mit höherem IQ-Werten mehr als gewachsen sind, und außerdem aus stets frisch nachgelieferten riesigen Kuhfladen von erstaunlicher Haftkraft. Der Fall ist klar: James möchte allein sein. Er möchte keinen Besuch. Selbst seine eigene, engste Verwandtschaft hat James mittlerweile durch ständige Abwesenheit und totale Gastunfreundlichkeit so vergrämt, daß sie es aufgegeben hat, aus ihm doch noch ein nützliches Glied der sogenannten Gesellschaft zu machen. Genau das war aber auch das Ziel seiner Marketingstrategie.

James in freier Wildbahn oder gar in seinem Cottage zu Gesicht zu bekommen, bleibt vollkommen dem Zufall überlassen und ist nur wenigen Nachbarn und engsten Freunden vorbehalten. Man nennt James deshalb auch den „invisible man", den unsichtbaren Mann. Eigentlich ist er viel unterwegs, aber sobald er irgendeinen Menschen in der Ferne sieht oder hört, zerrt er sein Fahrrad ins Unterholz und macht sich invisible, eben unsichtbar. Wir haben es schon erlebt, daß er nur einen Steinwurf von uns entfernt plötzlich auftauchte, um ein Stück Torf aufzusammeln, und Sekunden später wie vom Erdboden verschwunden war, als wir ihn gerade anrufen und Hallo zu ihm sagen wollten. Manche sagen deshalb, James habe eine kleine Macke, und dem kann man nur schwerlich ernsthaft widersprechen.

Es ist einer der vielen Vorzüge Irlands, daß man hier auch mit einer „Macke" oder einem „Spleen" völlig ungestört und von allen geachtet und gleichwertig behandelt herumlaufen und sich seines Lebens freuen kann. In Deutschland hätten sich schon längst besorgte Verwandte, Erbberechtigte und Behörden zusammengetan, um ihm auf Basis der einschlägigen Gesetze und Verordnungen wenigstens seine Geschäftsfähigkeit einleitend abzusprechen und der hochherzigen Verwandtschaft und den Behörden damit Tür und Tor zu öffnen, um geeignete Schritte zur Sicherstellung des Allgemeinwohles zu ermöglichen. In Deutschland wären James und mit ihm mehrere tausend andere liebenswerter und sympathischer Sonderlinge, da sie nicht auf allen Gebieten die Kriterien der gültigen Norm erfüllen, schon längst in einer Spezialunterkunft gelandet, wo der Staat, die Psychologen und das Pflegepersonal sich in aufopfernder Nächstenliebe und gegen geringes Entgelt um die Bedauernswerten kümmern. Eine Anderthalb-Zimmer-Wohnung, geregelte Mahlzeiten zusammen mit sechzig weiteren Auserwählten, bunte Abende, wo Laienchöre, Zauberer, Bauchredner, und an hohen Feiertagen auch Damen der High-society-Clubs unerschrocken gegen Einsamkeit und Senilität anamüsieren. Dann noch die regelmäßigen Besuche der Seelsorger aller Glaubensrichtungen und einmal in der Woche der Besuch des Sohnes, der die Kinder und seine Frau entschuldigt, da heute Elternabend ist und die Kinder zum Volleyball-Training müssen. Also, wirklich: Altes Herz, was willst du mehr?

James will mehr, weil er viel weniger braucht. Er will vor allem seine volle und uneingeschränkte Freiheit mit all ihren Freuden und Gefahren, so wie die Schwalben sie haben unter seinem Dach, oder seine Katze. Er will diese Freiheit, auch wenn er sie noch so verrückt – und für manche unsinnig und unwirtschaftlich – nutzt, und er will seine Tiere, die ihm viel mehr als das geben, was ein Heim an kostspieliger Betreuung und Zerstreuung anzubieten vermag. Da „menschliche Wärme" heute als Dienstleistung weder lieferbar noch bezahlbar ist, wird sie im Pauschal-Betreuungsangebot der Heimstätten vorsichtshalber auch nur noch in kühnen Werbeprospekten erwähnt und in der Praxis ausgeklammert. James hat diese Wärme dutzendfach. Es ist zwar nicht genau die sogenannte „menschliche Wärme", sondern eine mehr „tierische Wärme", dafür ist diese aber auch vollkommen kostenlos und mit nie ablaufender Garantie. Sie begleitet ihn somit sein Leben lang auf Schritt und Tritt. Zu den Lieferanten dieser konstanten und zuverlässigen Wärme für unseren – zugegeben ein wenig verrückten und wunderlichen – Sonderling und Einsiedler, gehören die folgenden Mitbewohner des kleinen und verwunschenen Paradieses: zehn Katzen, zwölf Hunde, vier Ziegen, acht Schafe, zwei Kälber, sechs Kühe und an die zwanzig Stück frei laufendes Federvieh, Hühner und Hähne mit dem Öko- und Bioexamen cum laude.

Hier weitere Einzelheiten, um den juristisch zu stark unterwanderten Sozialbehörden und den psychologisch verbildeten Gesundheitsämtern in unserem Land stichhaltige Argumente zu liefern, um James aus dem Verkehr zu ziehen und ihn präventiv zu entsorgen: James ist, wenn man ihn wirklich einmal im Dorf trifft, völlig normal gekleidet, zwar nicht gerade so, wie Männer, wenn sie zur Sonntagsmesse gehen, aber doch durchaus „presentable", wie es ein treffendes englisches Wort sagt. An manchen Tagen aber trägt er, dies allerdings in der Nähe seines Cottages, die reich mit blutroten Rosen verzierten und ehemals sehr teuren Seidenhüte seiner Mutter auf. Lediglich das eine oder andere Röschen zeugt durch sein angeknicktes und hängendes Köpfchen vom respektablen Alter der anmutigen Kopfbedeckung. Ansonsten ist alles paletti und bereit für den Opernball. James trägt diese Hüte nun nicht etwa deshalb, weil er auf sich aufmerksam machen will, – nichts liegt ihm ferner –, sondern ausschließlich deshalb, weil heute so ein Tag ist, wo die karierte Tweedkappe zu warm ist, und wo man sie besser durch atmungsaktiveres Material ersetzt. Es sind also wohldurchdachte Gründe, die James veranlassen, eines Tages wie Queen Victoria – jedenfalls oberhalb der Schultern – unter Irlands Himmel aufzutauchen, um den Kuhmist mit der Schiebkarre auf seine Gemüsebeete zu bringen.

Doch, wie bereits gesagt, sieht man ihn, weil er nicht länger aufschiebbare Besorgungen machen muß, wirklich auch einmal im Dorf, trifft man stets auf einen normal gekleideten und ausgesprochen fröhlichen und gesprächigen Mann, der über eine beachtliche Intelligenz verfügt, und der humorvoll und spannend erzählen kann. Wir, die wir ihn schon so lange kennen, merken allerdings, daß er sich auf diesen Tag und auf die große Wahrscheinlichkeit, daß er hier auf Menschen trifft, die ihn kennen, intensiv vorbereitet hat, genauso wie auf einen Auftritt im Theater. Die ganze Zeit über merkt man, daß er von dem Wunsch beseelt ist, diesen Auftritt möglichst rasch und ohne Steckenbleiben und andere Fehler, die ihn als Sonderling ausweisen könnten, hinter sich zu bringen.

Meist trägt er seinen Lieblingsanzug, ein altes Modell von Pierre Cardin, den wir ihm vor Jahren geschenkt haben und von dem später noch die Rede sein wird, und ein durchaus reinliches, gestreiftes Hemd. Er ist stets gut rasiert, und meine Frau meint sogar, daß er auch ein Aftershave-Wasser verwendet. An seinem Fahrrad hängen alle möglichen Plastiktüten, und auf dem verbliebenen Platz des Gepäckträgers hat er einen bis obenhin vollen Schuhkarton festgebunden. Häufig steigt er deshalb auch gar nicht auf seinen vollbepackten Drahtesel, wenn er den Heimweg antritt, sondern er schiebt ihn mit bedächtigen Schritten in Richtung Heimat. Dann können Wochen, manchmal sogar Monate vergehen, bis man ihn wieder einmal zu Gesicht bekommt. „The invisible man" ist dann wieder für alle Welt verschwunden. Ich bin mir ziemlich sicher, daß es für diese Verhaltensweise auch eine genaue medizinische Diagnose mit einem entsprechend furchteinflößenden und unaussprechlichen lateinischen Namen gibt. Für mich und meine Frau hat allerdings seine verstorbene Mutter die mit Sicherheit treffendere Diagnose für das Verhalten ihres James gefunden, wenn er sich wieder einmal unsichtbar gemacht hat. „James“, so sagte sie uns dann, und das ohne auch nur den geringsten Anflug von Verwunderung, sondern mit großer Ernsthaftigkeit und Selbstverständlichkeit, „James has gone with the fairies.“ Also, auf deutsch: „James ist mit den Feen unterwegs.“ Niemand hat diese Abwesenheit von James je treffender, schöner und liebevoller beschrieben als seine Mutter.

Das Verhältnis von James zum Wetter ist durchaus freundschaftlich und von nahezu geschwisterlicher Liebe geprägt. Wir brauchten lange, um dieses Verhältnis zu begreifen. Beide, James und das Wetter, kennen sich genau und seit vielen Jahren, und nie würde einer von beiden auf die Idee kommen, dem anderen irgendwelche Vorwürfe zu machen wegen seines Betragens oder seines Erscheinungsbildes, auch wenn es häufig genug höchst eigenwillig, und im Falle des Wetters, auch unangenehm ist. Wenn es regnet, dann regnet es eben. Und genauso, wie all seinen Hunden, Katzen, Kühen, Schafen und dem Esel, würde es James niemals einfallen, sich deshalb einen Regenmantel überzuziehen. Es stört ihn in keiner Weise, wenn er triefend naß, wie seine gesamten Hausgefährten über die Wiesen geht, um ein kleines Lamm zu holen und unter seiner Jacke ein wenig zu wärmen. „Nice sunshine today“ und „nice soft rain today“. Beides kommt vom Himmel und ist also gleichermaßen willkommen.

Wen dieser tropfnasse James allerdings störte, das waren seine next-door-neighbours, ein freundliches und stets hilfsbereites Ehepaar aus Holland. Sie erkannten sofort, daß dieser feuchte Nachbar ein ideal geeignetes Betätigungsfeld für die Ausübung christlicher Nächstenliebe ist, und also schritten sie zur Tat. Bei ihrem nächsten Urlaub brachten sie aus Holland für fünfundsechzig Gulden einen „geoliedejas“ mit, also eine lange, gelbe Regenjacke mit Kapuze, einen Friesennerz. Damit gingen sie, was den finanziellen Teil angeht, weit über ihre sonstige holländische Sparsamkeit hinaus und übertrafen mit dieser guten Tat um Längen das, was ein rechter Pfadfinder einmal am Tag zu tun hat, um sich als ein solcher auszuweisen. Da James bei der Übergabe des Geschenkes natürlich nicht im Hause war, hängten unsere beiden Wohltäter das edle Stück, unter dem lauten Gebell von James Hunden, an seine grüne Haustür. Das sah nicht nur höchst dekorativ aus, sondern erinnerte in der Farbkombination auch an das grün-gelbe Trikot des Kerry-Footballteams. Neben der guten Tat als Mensch brachte ihnen diese gute Tat als Designer also noch zusätzliche Punkte ein.

Wochenlang passierte nichts. Zweimal schon hatten sie James während dieser Zeit an einem Regentag gesehen, und beide Male war er – wie immer – pudelnaß und ohne den für solche Zwecke eigentlich vorgesehenen Regenschutz. Des Rätsels Lösung ergab sich, als die beiden Wohltäter wieder einmal vor James Cottage auftauchten, um ihm ein paar Lebensmittel zu bringen. Als sie den Beutel an die Tür hängten, fiel ihr Blick auch auf den kleinen, aus groben Feldsteinen gebauten Schuppen, in dem James seinen Torf aufbewahrte. Das marode Dach aus verrottetem Reet strahlte an einer Stelle in der Mitte des Firstes in leuchtend gelber Farbe. Der Friesennerz! James hatte wieder einmal seine eigenen Prioritäten gesetzt: Da er, James, keinen Schutz brauchte, wenn es regnete, hatte er das gelbe Stück wind- und wasserfeste Textil an seinen Torfschuppen abgetreten. Dieser hatte das Geschenk gerne angenommen und bedankte sich dafür derart, daß der Torf nun nicht mehr ganz so naß war, wenn er ihn auf das Kaminfeuer legte. Trockene Haut oder trockener Torf war also für James niemals eine Frage, über deren Beantwortung er abendfüllend grübeln mußte. Mit diesem instinktiv angewandten Pragmatismus hätte sich auch Hamlet vieles ersparen können.

James hat keinen Stromanschluß, er hat somit also auch kein elektrisches Licht, kein Telefon, keinen Kühlschrank, kein Fernsehgerät, keine Waschmaschine, kein Bügeleisen und keinen Elektroherd. Ich weiß nicht, ob wir uns das soeben Gesagte überhaupt richtig vorstellen können. Ein Leben ohne all diese für uns so unentbehrbar gewordenen Geräte der Arbeitserleichterung und der Unterhaltung. Ich glaube, wir können es nicht. James lebt so seit fünfzig Jahren, und man hört von ihm kein einziges Wort der Klage, des Bedauerns oder des Verlangens. Alle Versuche, ihn zum Stromanschluß zu bewegen, hat er stets höflich, aber auch bestimmt abgelehnt. Und dies nicht etwa aus finanziellen Gründen. Oh nein, James ist durchaus kein armer Mann. Er braucht das alles nicht, „No, thank you!" Wie einst Diogenes geht er unbeirrbar seinen Weg, und wie Sokrates sagt er, nachdem man dem Philosophen einmal voller Stolz den neuesten „Supermarkt" im alten Athen gezeigt hat: „Ich danke euch dafür, daß ihr mir das alles gezeigt habt. Jetzt endlich weiß ich, was alles ich nicht brauche." James ist also gegenüber Konsumzwang jeglicher Art total resistent und immun. Wärme zum Kochen und zum Heizen liefert der große schwarze Kamin aus dicken Feldsteinen gemauert und mit einem eisernen Hängegestell versehen. In ihm flackert fast immer ein kleines Torffeuer, und an dem Gestell hängt ein gußeiserner Kessel.

Manchmal macht sich James auch ans Wäschewaschen, und dann kann man auf der Leine, die er zwischen Hühnerstall und Dachrinne gespannt hat, textile Unikate bewundern, die dem Fundus für einen Sience-Fiction-Film entliehen sein könnten; und auch die Dokumenta in Kassel würde sich davon nicht unbeeindruckt zeigen. Da ist zum Beispiel ein riesiger roter Pullover, der zu sechzig Prozent aus Löchern besteht, die lediglich durch schmale Textilstege gezwungen werden, im Verbund zu bleiben und so wenigstens den Anschein erwecken, als handele es sich bei diesem „thing in red" um einen Pullover. Die zwei gestreiften und ebenfalls extrem langen Baumwollhemden haben mit Sicherheit irgendwann einmal als Nachthemden gearbeitet. Die schwarze Hose macht in dem Zustand, in dem sie sich befindet, das einzig richtige, sie ist schwarz. Über die Beschaffenheit der Socken und der ehedem weißen Unterwäsche hüllen wir lieber den – bestimmt ebenfalls durchlöcherten und fleckenreichen – Mantel der Nächstenliebe und des Schweigens.

Wir mögen James, und James mag uns, auch wenn wir uns kaum sehen. Wir hängen Plastiktüten an sein Gatter mit Lebensmitteln,

Getränken, – besonders „german beer“ wird gerne genommen – Kuchen, Hundefutter und auch mal zwei Handtücher oder ein Bettlaken und einen gut erhaltenen Anzug. James hängt dafür an unsere Tür eine Plastiktüte mit Kartoffeln, Bohnen und oben drauf einen riesigen Kohlkopf. – Naturalientransfer. – Den Anzug von Pierre Cardin hat James inzwischen zu seinem bevorzugten Kleidungsstück erwählt, allerdings nur für seine gelegentlichen Besuche und Shoppingausflüge ins Dorf. Natürlich hat dieser Anzug einmal weitaus bessere Zeiten erlebt, als – geboren in Paris – hier am Körper von James die irische Landluft zu schnuppern. Der Anzug ist aus allerfeinstem Zwirn und weist eine Verarbeitung auf, die man eben nur einem echten Modell mit einem entsprechenden Namen angedeihen läßt. Manchmal stelle ich mir vor, was wohl Monsieur Cardin sagen würde, wenn bei einer seiner internationalen Modepräsentationen in Paris, zwischen all den spindeldürren und todtraurig dahinschaukelnden Models, plötzlich auch unser James, in Gummistiefeln und mit seiner verbeulten Schirmmütze auf dem Kopf, über den Laufsteg stolpern würde.

„Et maintenant – Messieurs Dames: Modell Ja-Me's. – Le modell pour l'hommes extraordinaires!“

Für den Fall, daß wir James einmal wirklich antreffen und sehen wollen oder auch müssen, hat meine Frau, ohne jede diplompsychologische Hilfe, eine sehr erfolgreiche Technik entwickelt. Ein paar Tage vor dem gewünschten Termin hängt sie eine Tüte an das Gatter und darin, neben einigen Zutaten, die unübersehbare Message: „We would like to see you thursday 4 p.m., Erika and Chris.“ Diese „Kommunikation am Gatter“ hat bisher einwandfrei und ohne Aussetzer funktioniert. Wir strapazieren sie aber auch nicht, denn wir haben die Erfahrung gemacht, daß sich James auf dieses Ereignis vorbereitet durch eine zusätzliche Waschung und die Korrektur seiner Empfangsgarderobe um eine Güteklasse nach oben.

Einmal – ein einziges Mal nur – ist es uns in unserer dreißigjährigen Bekanntschaft mit James gelungen, ihn ohne Voranmeldung zu Hause in seinem Cottage anzutreffen. Wahrscheinlich stand der

Wind für uns günstig, oder die zahlreichen Hunde und Katzen und anderen Tiere waren durch irgendein Ereignis abgelenkt. Wie sich später herausstellte, waren sie das auch. Wir laufen also den schmalen Weg entlang im Slalom um die Kuhfladen herum und am Hühnerstall mit angrenzendem Misthaufen vorbei auf das Cottage zu. Nur ein paar schwarze Kerry-Cows schauen uns mit ihren großen und gütig-dummen Augen interessiert an. Sie können dies trotz der Mauer, die James aus großen Feldsteinen und ohne Zuhilfenahme von Zement vor langer Zeit schon gebaut hat, denn die Mauer ist nur genau so hoch, daß die Kühe nicht darüberklettern können, keinen Stein höher. Es ist vollkommen still, ungewöhnlich still, so daß man sogar die Hühner hört, die vor dem Haus im Sand scharren. Wir beide glauben natürlich felsenfest, daß James nicht zu Hause ist, oder aber, daß er sich versteckt hat, weil er unsere Schritte gehört hat und unser Besuch ja nicht angemeldet war. Doch dann sehen wir, daß die grüne Haustür, die gleichzeitig Wohnungstür ist, und von der James das unterste Brett entfernt hat, damit seine Katzen bei Tag und bei Nacht freien Zu- und Ausgang haben, offen steht. Wir treten neugierig näher heran und sehen ein Bild, das so anrührend und überirdisch wundersam und schön ist, daß es auf immer zu den ergreifendsten Erscheinungen gehören wird, die uns in unserem Leben begegnet sind, und das wir niemals vergessen werden.

James steht mit dem Rücken zu uns vor dem großen runden Tisch in der Mitte des Raumes. Sonst gibt es kaum Mobiliar, nur einen Schemel vor dem Kamin, der in seiner urigen Wuchtigkeit die ganze östliche Stirnseite des Hauses einnimmt. Auf dem Tisch sitzen in fast makellosem Kreis zwölf Katzen und auf dem Fußboden ebenso viele Hunde. Die Tiere sind ganz ruhig und schauen unverwandt auf James. Der spricht, ja, er singt zu ihnen in Lauten, die wir bisher noch nie gehört haben. Es kommen sehr viele dunkle Vokale darin vor, also a, o und u, und nur ganz selten einmal ein Wort aus einer menschlichen Sprache, wahrscheinlich aus dem gälisch-keltischen Bereich. Sein in gleichmäßiger Tiefe und Lautstärke vorgetragener Sprechgesang erinnert an die Liturgien des Mittelalters und an die

„Und er redete mit den Tieren"

gregorianischen A-cappella-Chöre der Mönche. Fasziniert schauen wir zu und lauschen dem fremden, aber doch harmonischen Klang. Vor sich hat James ein großes, schüsselähnliches Gefäß. Da greift er manchmal mit der Hand hinein und wirft einem der Tiere etwas zu, offensichtlich etwas zum Fressen.

Das ganze vollzieht sich, bis auf James Sprechgesang, nahezu lautlos. Es bricht auch, wie andernorts üblich, keinerlei Futterneid unter den Tieren aus. Ruhig und fast mit Würde, auf jeden Fall aber mit größter Gelassenheit, schnuppern sie an dem zugeworfenen Stück, um es dann, ebenso gelassen und ohne jedes Geräusch, aufzufressen. Es liegt etwas über dem Raum, das uns bei aller Faszination und Verwunderung aber auch staunen läßt, und das uns, ohne daß wir uns dem entziehen können, voll in diese andächtige Stimmung mit einbezieht. Wir werden Teil des Ganzen. Wir sehen hier, und der Vergleich ist zwingend, den Heiligen Franziskus vor uns, wie er mitten unter den Tieren steht und mit ihnen redet. „Und er redete mit den Tieren" heißt es in der alten Schrift. Leise und mit ganz langsamen Bewegungen stellen wir unsere beiden Plastiktüten vor die Tür und gehen rückwärts, um uns zu entfernen und die ökumenische Andacht zwischen Mensch und Tieren in der St. James Kapelle nicht zu stören.

Mugil capito — Von Fischen, Fischfang und Familie Fröhlich

In Fachkreisen der Petrijünger ist man sich, was selten vorkommt, einig: Sie, diese Mugil capito ist es, diese dünnlippige Meeräsche, die den Angler, der den arglosen, aber verhängnisvollen Wunsch hegt, sie zu fangen, mit an Sicherheit grenzender Wahrscheinlichkeit zur Verzweiflung bringt. Auf englisch heißt dieser silbergraue, schlanke Fisch mit den großen Schuppen „Mullet", wobei fast immer, wenn bei englischsprachigen Anglern das Wort „Mullet" fällt, noch ein Wort hinzugefügt wird, das sowohl den unseriösen Charakter dieses Fisches zum Ausdruck bringen soll, als auch der seit Jahren aufgestauten Enttäuschung der Betroffenen wenigstens etwas Luft verschafft. Er sagt nicht „the mullet", sondern er sagt: „the mullet, this bastard." Und in der Tat hat sich die Meeräsche diese überall leidvoll ausgestoßenen Verwünschungen mehr als verdient. Sie ist nämlich, was natürlich kein Angler glauben will, und ganz besonders die Anfänger nicht, die teuer und perfekt ausgerüstet mit vielfarbigen Lehrbüchern über „Erfolg beim Angeln" oder „So fischt der Profi" im Tornister oder Seesack, eigentlich überhaupt nicht sportlich zu fangen. Man erfährt aus den Büchern wissenschaftlich genau die Größe der Meeräsche, die Anzahl der Schuppen, sowie die fangentscheidende Anmerkung, daß die Länge der Bauchflossen zirka vierfünftel der Länge der Brustflossen beträgt. Auch die genaue Beschreibung, wo nach Meinung des Verfassers sich die Mullets gern aufhalten, und daß sie innen drin über einen muskulösen Kaumagen und einen auffallend langen Darm verfügen, kann man nur dann nachprüfen, wenn man sie gefangen hat. Dem Angler, der in brusthohen Watstiefeln im seichten Wasser eines kleinen Inlets oder einer Flussmündung steht, und das auch noch bei richtigem Wetter, nämlich an einem warmen und windstillen Sommerabend, hilft das alles nicht.

Zugegeben, es spielt sich fast alles so ab, wie das in den schlauen Büchern beschrieben wird, nur die Mullets spielen nicht mit. Die Mullets sind zwar da, aber weil sie die Bücher wahrscheinlich auch kennen, vermeiden sie alles, was ihnen laut Verfasser gefährlich werden könnte. So tun sie denn gelassen ihre Pflicht, indem sie mit großer Bugwelle langsam durchs seichte Wasser pflügen. Die große Rückenflosse ragt dabei provozierend aus dem Wasser und täuscht dem Angler, der immer noch im Stadium der guten Hoffnung ist, einen baldigen Fang vor. Doch dem ist nicht so. Ruhig ziehen sie über den Boden dahin, stupsen ab und an einmal mit ihrem Maul in den Mud, so daß eine kleine Schlammwolke entsteht, und lassen sich von den zwei gummistiefelumhüllten Flachwasserbojen in keiner Weise stören.

Ich habe es schon erlebt, daß mir eine besonders dreiste Meeräsche durch meine beiden Gummistiefelbeine hindurchgeschwommen ist. Wenn so etwas einem Torwart beim Fußball passiert, – dort nennt man es „tunneln" – dann hat der mannschaftsbetreuende Psychologe wochenlang zu tun, um den also öffentlich Geschändeten wieder mühsam auf die Tunnelbeine zu kriegen. Getunnelt zu werden, gilt in Fachkreisen nach wie vor als die größte Schmach, die man einem noch lebenden Sportler zufügen kann. Um die mir angetane Schmach zu tilgen, habe ich auch auf dem Gebiet der Köderkunst alles versucht, was man aus Fachliteratur, Kollegenrat und innerbetrieblicher Eingebung herauslesen oder hören konnte: Käse, Brotteig, Wattwurmhäppchen, Makrelenstückchen, präparierte Speckstreifen und zum Schluß auch kleine Metallblinker. Ein höchst überzeugend aussehender Skipper aus dem kleinen Nachbarhafen Blackwater hatte mir glaubhaft versichert, daß er damit schon viele so große, nein, so große Mullets gefangen hatte. Die Kürze seiner Arme setzte dabei der Größe der Meeräsche Gott sein Dank natürliche Grenzen. „No problem, they will take it!" Den Ausschlag gab allerdings der bereits erwähnte optische Eindruck des Mulletexperten, gegen den Hemmingway nichts weiter war, als ein Schriftsteller mit Bart und bei dem „Der alte Mann und das Meer" mit Sicherheit einen positiven Schluss gefunden hätte. Da es für mich überhaupt nichts mehr zu verlieren gab, und die Wunde des getunnelt-worden-seins noch immer in mir schmerzte, folgte ich nur allzu willig dem Rat des Ernest vom Blackwater und machte mich auf Blinkersuche. Das war schwierig, sehr schwierig!

Nach vielen vergeblichen Versuchen in Fachgeschäften und Angelabteilungen kamen wir auf einer Rundfahrt um die zauberhafte Beara Peninsula auch in ein kleines, sehr irisches Dorf an einem windungsreichen Flüsschen gelegen. Es bestand aus vierundzwanzig Häusern, davon waren drei Pubs, einer kleinen Kirche und dem üblichen Dorfladen. Dort wollte ich mir etwas zum Trinken holen, und was sehe ich da im bunt sortierten Schaufensterchen zwischen Marienbildern, Gummistiefeln, Wollsocken, Plastikblumen und Wäscheleinen? Richtig! Neun kleine und verschiedenfarbige Blinker mit rotierenden Löffelchen daran und einem kleinen Drillingshaken. Sankt Petrus, ich danke dir! Genau das waren die Blinker, die ich suchte. Das waren die Mullet-Killer, die meine anglerische Ehre wieder herstellen sollten. Also, nichts wie rein in den Laden der großen Verheißung. Die Tür ließ sich auch tatsächlich bereitwillig öffnen und tat sogar noch ein übriges, indem sie mit dem Öffnen und mit dem Schließen noch ein kleines Glockenspiel ertönen ließ. Ding – dong – dong – ding beim Öffnen der Tür, und Dong – ding – ding – dong beim Schließen. Ich nahm es ahnungsvoll und dankbar als ein weiteres Zeichen meines baldigen Triumphes über die Mugil capito, this bastard.

Der Laden war winzig klein, hatte aber alles, was man zum eigentlichen Leben braucht. Da fehlte nichts, was wirklich nützlich und wichtig war. Es fehlte dafür aber alles, was unwichtig war und auf das man leicht verzichten konnte. Ich hatte viel Zeit, mich mit dem vielfältigen Angebot vertraut zu machen, denn zunächst einmal tat sich gar nichts. Lediglich eine steile Holztreppe, die im Hintergrund nach oben führte, ließ vermuten, daß hier vielleicht doch noch menschliches Leben im Hause war, wenn auch derzeit noch unsichtbar und eine Etage höher. Und so war es. Ich hörte eine Tür aufgehen, dann das Knarren der oberen, nicht einsehbaren Stufen, dann sah ich schließlich zwei große Schuhe und anschließend die zwei dazugehörenden Beine, die in einer dunklen Hose steckten. Nach einer kurzen Verschnaufpause, die durch ein lautes und herzhaftes Niesen überbrückt wurde, folgten in anatomisch exaktem Abstand ein kariertes Hemd, ein kurzer Hals und obenauf ein dichtbehaarter runder Kopf mit neugierig blickenden Augen. „Nice day, today", sagte der darunter befindliche Mund mit einem Sortiment an Zähnen, an dem gut und gern drei angehende Zahnmediziner gleichzeitig ihre Gesellenstücke oder ihre Diplomarbeiten hätten absolvieren können. Obwohl es inzwischen angefangen hatte zu regnen, erwiderte ich fröhlich: „Yes, indeed, very nice day today, very nice day." Die Verdoppelung des „nice day" wird in Irland häufig gebraucht, wahrscheinlich um das schöne Wetter auch verbal angemessen zu würdigen und zu begrüßen. Auf jeden Fall wird es immer wieder gern gehört, auch bei Regen. Jetzt aber drängte es mich, den normalen Ablauf eines irischen Gespräches, in Anbetracht der hinter mir im Schaufenster liegenden Objekte meiner Begierde, zu verkürzen. Doch noch ehe ich dazu kam, hatte der mir jetzt dicht vor Augen stehende zahnsensationelle, aber fröhliche Mund bereits die Initiative ergriffen und fragte mich: „Where are you coming from?" Diese Frage wunderte mich ein wenig, denn ich war eigentlich ziemlich stolz darauf, daß man mich sonst hier nicht gleich als Fremden erkannte, zumal ich in diesem Falle ja auch zusätzlich noch den Trick mit dem verdoppelten „nice day" angewandt hatte. Aber der Mann vor mir war so überaus freundlich und sympathisch, und ich war so überrascht, daß ich sofort mit der nackten Wahrheit herausrückte: „From Germany."

Das sollte Folgen haben. Das „Y" von „Germany" war noch nicht verklungen, da drehte sich mein Gegenüber blitzschnell nach hinten oben zur Treppe um, hielt beide Hände trichterartig vor den Mund und rief: „Eileen, Eileen, there is somebody from Germany!" Wieder ging oben die Tür auf, wieder knarrte die Treppe, doch diesmal kamen zwei braune Hausschuhe mit deutlich kleinerer Fußgröße als vorher auf den Laufsteg und dann zwei wohlgeformte Beine, jedenfalls so weit man sie sehen konnte. Dann schnell nacheinander ein grauer Rock, eine gelbe Bluse mit weißem Kragen

und ein fast ganz schwarzer Lockenkopf. Das also war Eileen. Sie war mindestens ebenso freundlich und fröhlich wie ihr Mann und schaute uns aus ihren graugrünen Augen interessiert an. Doch Pat, so hieß ihr Mann, übernahm jetzt auch die weitere Moderation und verkündete ihr noch einmal und mit einem gewissen Triumph in der Stimme: „Eileen, these people are from Germany." Und dann weiter zu uns: „Which city are you coming from?" - „From Hamburg." Diese Antwort schien Pat ein wenig zu verwirren, aber er ließ sich nicht lange davon beeindrucken und steuerte unbeirrbar seinem eigentlichen Ziel entgegen. Deshalb lautete die nächste Frage folgerichtig, wenn auch unter Außerachtlassung der gesamten deutschen Geographie und insbesondere der näheren Umgebung der Hansestadt Hamburg: „Do you know Colonia?" – „Kennen Sie Köln?"
Das Funkeln in Pats Augen hätte uns vor weiteren unüberlegten Antworten warnen sollen, aber da wir ja tatsächlich schon zwei mal in Köln waren, sagten wir völlig naiv und auch ein bißchen stolz darauf, wo überall wir schon rumgekommen sind. „Yes, we know Colonia." Und darauf Pat, der seiner Sache immer sicherer zu werden schien, im sofortigen Gegenzug: „Do you know Family Fröhlich?", wobei er tatsächlich auch den Versuch machte, das ungewohnte deutsche „Ö" in der Familie Fröhlich durch ein starkes zum „E" hin abgerundetes „O" wenigstens einigermaßen in die Nähe des „Ö" zu bringen. „My son is working in Colonia, and he lives with Family Fröhlich." Da ich es in der so erwartungsträchtigen Situation für unhöflich hielt, sofort und entschieden einzugestehen, daß ich die Familie Fröhlich nicht kenne, und daß ich sie nie im Leben gesehen habe, dachte ich einen Moment nach und wiederholte: „Family Fröhlich?" Daraufhin Pat voller Eifer: „Yes, Family Fröhlich. Eileen, the photographs!" Da Pat eigentlich von Anfang an felsenfest davon überzeugt war, daß wir, wenn auch aus Hamburg, doch natürlich die Familie Fröhlich in Köln, wo sein Sohn bei Ford arbeitete, kennen müssen, wollte er unserem Gedächtnis mit einschlägigem Bildmaterial auf die Sprünge helfen. Deshalb der Auftrag an Eileen, die Beweisfotos zu holen. Eileen war, ob der zwölf Stufen rauf und der zwölf Stufen wieder runter ein wenig atemlos, in kürzester Zeit

zurück und zeigte uns zwei ziemlich abgegriffene Fotos mit jeweils drei Personen darauf. „That is Mister Fröhlich, that is Missis Fröhlich, and that is our son Brian." Pats breiter Zeigefinger mit reichlich schwarz unter dem Nagel, erklärte uns mit Eifer und unmissverständlich das „who is who" auf den beiden Fotos im Wohnzimmer der Fröhlichs in Köln. Doch Pat war noch nicht fertig mit seiner Nachforschung: „You know them?" Dabei schaute er uns so hoffnungsvoll fragend an, daß ich es erneut nicht übers Herz bringen konnte, ihm die schonungslose Wahrheit zu sagen. Deshalb zögerte ich einen Moment, um etwas Zeit zu gewinnen. Als nun aber auch noch Eileen mit ihren großen, graugrünen Augen den Kampf um ein positives Geständnis im Fall „Familie Fröhlich" mit mir aufnahm, da fühlte ich mich der Übermacht einfach nicht mehr gewachsen und sagte: „Well, I think, I have seen them somewhere." Jetzt kannten die Glücksgefühle der beiden keine Grenzen mehr, und es hätte nicht viel gefehlt, und sie hätten mich geküsst, was bei Eileen ja durchaus noch zu ertragen gewesen wäre, bei Pat allerdings eine Horrorvorstellung war, denn zusätzlich zu seinem wenig attraktiven Dentalzustand war er auch noch sehr schlecht rasiert. Jetzt, da für ihn feststand, daß wir und die Familie Fröhlich gute, alte Bekannte waren, kam Pat erst so richtig in Fahrt und erzählte mit leuchtenden Augen von seinem Sohn Brian und dessen Leben in Köln.

Im kleinen Laden war mittlerweile schon viermal das „Ding – dong – dong - ding" zusammen mit dem „Dong – ding – ding – dong" ertönt, die Tür war also viermal auf und zu gegangen, und im Laden befanden sich etwa acht Kunden der verschiedensten Altersklassen. Damit war der Laden voll. Das aber störte Pat und Eileen nicht im geringsten, und auch die Wartenden nahmen, wie es schien, mit größtem Interesse und voller Dankbarkeit an dieser unerwarteten Sondervorstellung in Pats „Grocery-hardware-bakery and butcher" Shop teil.

Pats Ansehen stieg angesichts seiner deutschen Freunde und der weltmännischen Art, wie er über das Leben seines Sohnes im fernen Germany berichtete, spürbar von Minute zu Minute. Es waren gut und gerne fünfzehn Minuten vergangen, seit wir, um die ersehnten

Mullet-Blinker zu kaufen, Pats Laden zum wohllauten Glockenklang betreten hatten. Ich mußte also endlich etwas in Richtung meiner Zielsetzung unternehmen. Ich nutzte deshalb eine kurze Pause in Pats Redefluß, die er eigentlich lediglich für ein leichtes Räuspern verwenden wollte, um anschließend um so intensiver und mit belagfreien Stimmbändern seinen Vortrag fortzusetzen, und sagte unvermittelt: „Could I please have three of the little blinkers in your shop window?" Für einen kurzen Moment trat absolute Stille ein im Laden. Selbst ein Baby, auf dem Arm der Mutter, das sich bisher durch ein ziemlich nerviges und quäkendes Weinen bemerkbar gemacht hatte, stellte erschrocken seine Klageklangproduktion ein und integrierte sich in die allgemeine Stille. Pat, der sich mittlerweile von diesem abrupten Themawechsel erholt hatte, ging aber nun nicht etwa in Richtung Fenster, um mir, seinem Kunden, der ja bekanntlich König sein sollte, die gewünschte Ware zu holen, um damit den kärglichen Umsatz seines Miniladens um ein oder zwei Pfund nach oben aufzustocken, sondern er trat lediglich noch einen Schritt näher an mich heran und schaute mich an, als ob ich soeben um die Hand seiner Tochter angehalten hätte. Dann fragte er: „What do you need them for?", also: „Wofür brauchst du die Dinger denn?"

Man wird auch als nichtstudierter Ökonom unschwer einsehen, daß diese Art von Geschäftsphilosophie, wo der Verkäufer, der ja davon lebt, daß er etwas verkauft, sich zunächst einmal von seinem potentiellen Kunden berichten läßt, warum er denn das Gewünschte bei ihm kaufen will und wofür er es eigentlich braucht, zum mindesten langfristig keine allzu erfolgversprechenden Perspektiven für das geschäftliche Wachstum des Ladens eröffnet. Dennoch sagte ich nicht etwa: „Mein lieber Pat, das geht dich gar nichts an", sondern antwortete brav wie ein Quartaner seinem gestrengen Oberstudienrat: „To catch mullets." Alles, was Pat darauf antwortete, war mit fragendem Tonfall: „Mullets?", wobei die beiden Folgeworte „these bastards" förmlich in der Luft hingen, und von Pat mit Sicherheit auch nur deshalb nicht benutzt wurden, weil auch Father Murphys Haushälterin mit im Raum war. Aber er inszenierte das eine Wort

„Mullets?“ so meisterhaft und bühnenreif, daß ich im Nu vor dem gesamten Auditorium als einer dastand, der aber auch nicht die geringste Ahnung vom Mulletfang hat. Ich spürte, daß sich Mitleid im Raum breit machte, und das schmerzte mich. Pat griff gütig lächelnd ein und erklärte mir nunmehr nicht im Ton des Oberstudienrates, sondern mit fast väterlich-besorgter Stimme: „My dear, you will not catch any mullet with these blinkers, they are for trouts.“ Also, keinerlei Chance, mit diesen Dingern Mullets zu fangen, vielleicht aber Forellen. Jetzt wurde es höchste Zeit für mich, in irgendeiner Weise aktiv in das Geschehen auf der Ladenbühne einzugreifen und deshalb rettete ich mich in die Schlüsselfrage dieser kleinen Tragödie und spielte den Schwarzen Peter zurück an Pat: „But how can I catch mullets?“

Nunmehr, so meinte ich, saß Pat in der Falle und ich spielte den fragenden Oberstudienrat. Doch Pat spielte nicht mit und blieb unbeeindruckt bei seinem wissenden Ton gegenüber einem zwar gutwilligen, aber eben doch ein wenig minderbegabten Schüler: „I tell you,“ Pause – Pause – Pause. „You either take a net, or you shoot them.“ Also: „Du nimmst entweder ein Netz oder eine Flinte und schießt sie.“ Dies verwunderte mich nicht nur, sondern verletzte auch meine mit Sportfischermoral durchtränkte Ehre ganz erheblich, obwohl das, was mir Pat da soeben geraten hatte, genau der landesüblich gehandhabten Technik entsprach, um an die Mullets heranzukommen. Mit Netz oder Flinte auf Fischfang? Nein! Das konnte und wollte ich auch St. Petrus nicht antun, obwohl die Mullets mich so frustriert hatten und eine derartige Behandlung durchaus verdient hätten. Also dankte ich Pat für den guten Ratschlag und meinte so ganz beiläufig und nebenher, daß ich es spaßeshalber aber doch mal mit den Blinkern versuchen wolle, nur so, und zu Lernzwecken. „Give me three of them, please.“ Da hatte ich nun aber ganz und gar nicht mit der Kaufmannsehre von Pat gerechnet, die meiner Anglerehre in nichts nach stand und die an Größe sowohl meine Ehre als auch die Größe seines Ladens bei weitem übertraf. Pat legte mir die Hand auf die Schulter, schaute mir ernst in die Augen und sagte: „Sorry, but I will not sell them to you.“

– „And why not?“ – Warum willst du mir keine Blinker verkaufen? – „Because it is nonsense and because you are my friend.“ – Weil es Unsinn ist, und weil du mein Freund bist. Aus – Schluß – Ende meiner verzweifelten Einkaufsbemühungen. Pat hatte gesprochen, und daß dies sein letztes Wort in dieser Angelegenheit war, machte er unmißverständlich deutlich, indem er das Thema wechselte: „Potatoes, you like potatoes?“, und damit formte er auch schon eine Tüte aus Zeitungspapier und füllte frisch aus der Erde gekommene, rosafarbene Kartoffeln hinein. Dann unterhielten wir uns noch über die Heuernte, die Politiker, die steigenden Preise und natürlich über das Wetter, bis ich schließlich um einen Freund und fünf Pfund Kartoffeln reicher, aber völlig blinkerlos unter großer Anteilnahme des Publikums Pats kleinen Laden mit einem letzten „Ding – dong – dong - ding“ und „Dong – ding – ding - dong“ verließ.

Am nächsten Morgen, als ich zur kleinen Bucht hinunter ging, wo vor dem Bootshaus mein Boot an der Mooring mit einer roten Boje liegt, und wo die Mullets ihr schändliches Spiel treiben, kam mir ein etwa zehnjähriger Junge entgegen. In der rechten Hand trug er, an einem Haselnußzweig, den er durch das Maul gesteckt hatte, einen etwa sechzig Zentimeter langen, silbergrau glänzenden Fisch: Mugil capito – Mullet, die Meeräsche! Ich brannte darauf zu erfahren, mit welchem Geheimköder er das wohl geschafft hatte. „How did you catch that fish?“ Der Kleine schaute mich an und antwortete dann, als ob das die selbstverständlichste Sache der Welt wäre: „With a stone.“

Ich fand mich wieder im „Blue Bull“ ganz in der hintersten Ecke und weit weg von allen anderen Gästen. Ich grübelte vor mich hin, und Guinness mit Grübeln ist ein sehr zu empfehlendes Mixgetränk und hilft in allen Lebenslagen. Ich grübelte darüber nach, was mir alles in den letzten zwei Wochen in diesem rätselhaft-schönen Land der Regenbögen und der milden Schauer, der Kobolde und der Feen, und der Pats, Eileens und Steine werfenden Jungen allein auf dem Gebiet „Mugil capito – die Meeräsche“ an Weisheit und Erkenntnis zugeflossen ist, und ich war sehr, sehr dankbar.

„The mullet-
this bastard"
Mugil capito

Jerry the dancer —
Engel tanzen, bevor sie fliegen

Wann immer wir in Irland sind, haben wir auch einen Hund bei uns im Haus, einen Gasthund. Er heißt „Sparky", ist so groß wie ein kleiner Schäferhund, langhaarig, schwarz mit einer weißen Blesse auf der Brust und mit ausdrucksvollen, bernsteinfarbenen Augen. Unsere Freundschaft mit Sparky währt nun schon seit fünfzehn Jahren. Seine bedingungslose Liebe zu uns ist so rührend und herzerwärmend, daß wir jedesmal von neuem ein ganz schlechtes Gewissen und ein flaues Gefühl im Magen haben, wenn wir ihn an seinen Besitzer zurückgeben müssen, weil wir abreisen. Wir sagen stundenlang kein Wort und sind „sparkykrank". Sein Besitzer ist James O'Neill vom Lakehouse, also jener Mann, über den in der Geschichte „James im Paradies" bereits ausführlich berichtet wurde.

Sparky ist ein sehr intelligenter und gutmütiger Hund, der sich rundherum wohlfühlt, wenn er uns, seine erklärten Freunde, in Sicht- und Hörweite weiß. Das und ein bißchen Futter, das ist alles, was Sparky möchte und braucht und wofür er uns seine übergroße Liebe und Anhänglichkeit schenkt. Sparky ist von Natur aus das, was man hier einen „Streuner" nennt, der sich nicht auf Dauer an einen festen Platz binden läßt. Viel lieber ist er tagelang unterwegs, besucht die zahlreichen Hundedamen in der Gegend und läuft die Straßen und Wege entlang, um Land und Leute kennenzulernen. Er ist neugierig, und ohne Neugier, das geht den Hunden genauso wie den Menschen, ist das Leben noch nicht einmal halb so interessant und schön. Nach einigen Tagen kehrt er dann, und dies keinesfalls etwa reumütig, wieder zurück und bleibt für eine Weile. Aber irgendwann juckt es ihm wieder unter seinem schwarzen Fell, nicht so sehr wegen einiger Flöhe, sondern wegen der Wanderlust, die nun mal in ihm steckt. Als ein fest angestellter Haus- und Hofhund mit geregelten Arbeits- und Freßzeiten und Pensionsberechtigung, wäre Sparky also nicht so recht einsetzbar. Sparky ist ein überaus menschenfreundlicher Hund, und er überträgt diese Liebe zu den Zweibeinern in seiner reinen Unschuld auch auf die vierrädrigen Blechkisten, in denen diese Zweibeiner hocken und dann und wann einmal anhalten, um ihm ein kleines Leckerli oder einen Wurstzipfel zu geben und ein paar nette Worte zu ihm zu sprechen. Das größte aller Geschenke, und das zieht er sogar noch einem dicken Knochen vor, ist allerdings das Gekraultwerden am Hals, hinter den Ohren und zwischen den Hinterbeinen.

Dieses Kommunikationsbedürfnis zu Menschen, egal ob in freier Wildbahn oder in der besagten Blechkiste mit den komisch riechenden Gummireifen und dem Motorenlärm, der nichts, aber auch gar nichts mit einem anständigen Hundegebell zu tun hat, wurde Sparky aber eines Tages zum Verhängnis. Man fand ihn an einem Sonntagvormittag im Straßengraben halb tot und mit gebrochenem linken Hinterbein. Ein Auto hatte ihn angefahren. Doch Sparky hat die Überlebenskräfte eines Wildhundes. Er kam durch. Allerdings läuft er seitdem auf drei Beinen und schleppt das gebrochene Hinterbein wie ein nicht benutztes Reservebein hinterher. Vielleicht läßt es sich ja wieder heilen. Mit dem Vet, dem Tierarzt, haben wir schon gesprochen. Sparky hat mit seinen drei verbliebenen Beinen eine ganz erstaunliche Technik entwickelt, so daß er wieder recht gut und ausdauernd laufen kann, und seiner Liebe zu den Menschen, auch zu denen in den gefährlichen Autos, hat das nicht den geringsten Abbruch getan. Ja, über ein so großes und alles verzeihendes Hundeherz verfügt unser Sparky. Wir Menschen, auch Christenmenschen, können von ihm nur lernen.

Mit Sparky gehe ich also eines Tages einen kleinen Nebenweg entlang, denn wir sorgen sehr dafür, daß er trotz seines kaputten Beines genug Bewegung hat, da er von unserem Grundstück und Haus fast nie mehr wegläuft, sondern lieber geduldig wartet, ob nicht vielleicht einer von uns auch einmal außer der Reihe ein wenig handgekraulte Zärtlichkeit und ein paar gute Worte für ihn übrig hat. Falls noch ein schöner Knochen außerdem hinzukommt, um so besser. Es ist morgens gegen neun Uhr, und wir nähern uns den von mir sehr geliebten über und über von Efeu umrankten

Telegrafenmasten, von denen keiner in seinem Aussehen und seinem Verhältnis zur Vertikalen dem anderen gleicht. Genau das aber macht Telegrafenmasten in Irland zu höchst liebenswerten und sympathischen Zeitgenossen. Sie gehören so zu Land und Leuten, daß man sie am liebsten wie gute alte Bekannte begrüßen würde, um ein kleines Schwätzchen mit ihnen zu halten. Ich bin mir sicher, daß sie eine Menge interessanter Geschichten zu erzählen hätten. Als wir um die Ecke biegen, taucht in der Ferne ein Radfahrer auf. Genauer gesagt, es ist ein Radschieber, und das bestätigt meine Vermutung, daß es in Irland, zum mindesten auf dem Lande, weitaus mehr Radschieber als Radfahrer gibt. Wahrscheinlich ist das Fahren mit dem Rad zu schnell und hindert einen daran, seinen Gedanken nachzuhängen, und als Nicht-Verkehrsteilnehmer auch ein Auge für den vorbeischwebenden Graureiher und den Flügelschlag des Tagpfauenauges und des Zitronenfalters zu haben.

Es kommt also ein Radschieber. Er ist sehr klein, hat einen krummen Rücken mit einem intelligenten, freundlichen und schmalen Kopf darauf und zieht das rechte Bein nach, ganz ähnlich wie Sparky. Um die braune Hose hat er unten, in Knöchelhöhe, einen blauen Strick gebunden, damit die Hosenbeine nicht in die Radkette kommen. Und um ganz sicher zu gehen, daß dies auch wirklich nicht passieren kann, schiebt er sein Fahrrad lieber, wie wir bereits wissen, anstatt es zu fahren. „Good morning, Sir, lovely morning, Sir“, und er hat tatsächlich recht. Der Himmel ist so blau, als sei er von der Cote Azur eingeflogen worden, und die Sonne tut so, als sei das für sie ganz selbstverständlich in Irland. Damit nun auch ich dieses Ereignis des blauen Himmels in angemessener Form würdige, möchte ich in meiner Antwort noch über das, was meine radschiebende Morgenbekanntschaft geäußert hat, hinausgehen und steigere mich zu dem schier poetischen Zusatz zum „nice day“ und sage: „A really gorgeous day, just beautiful.“ Schöner hätte es Shakespeare auch nicht sagen können. Mein Gesprächspartner setzt daraufhin, so, wie es sich gehört, die Unterhaltung fort und bestätigt meine Aussage nachdrücklich: „Yes, just beautiful, just beautiful. We need that sunshine, we need it.“ Wie sich später für mich herausstellte, hatte er diese Verdoppelung einiger Worte und Begriffe in seinem Redefluss zu seinem ganz eigenen und unverwechselbaren, verbalen Markenzeichen gemacht.

Dann unterhielten wir uns über den nächst wichtigen Punkt der Tagesordnung, und das war das Munster Finale im Gälischen Football zwischen unserem County Kerry und dem Erzrivalen Cork. Jetzt erfuhr ich auch, daß Pat Spillane wieder fit war für das Spiel, und daß auch Johny Eagan wieder mit von der Partie ist. Johny Eagan, ein junger Polizeibeamter, wohnt eine Viertelmeile von hier entfernt, direkt neben der Kirche, und seine Mutter betreibt einen kleinen Laden mit Milch, Kartoffeln, Brot und Butter und alldem, was aus den benachbarten Gärten an Obst und Gemüse so angeliefert wird. Deshalb variiert ihr Warenangebot auch beträchtlich und ist ausgesprochen saisonabhängig. Johny Eagans Mutter ist aber nicht nur die tatkräftige Managerin dieses Minishops, sondern sie ist auch eine fanatische Anhängerin des Footballteams ihres Sohnes, also von Kerry mit den Farben Grün-Gelb. Glaubwürdige Zeugen berichten, daß Johny nur deshalb so aufopferungsvoll und bis zum Umfallen kämpft, weil er panische Angst vor seiner Mutter hat, die ihn im Falle einer Niederlage keines Blickes oder Wortes würdigt und ihm zu tiefst beleidigt, sein jetzt noch kargeres Frühstück auf den Tisch stellt. Mit dieser einfachen, aber dennoch hoch wirksamen Motivationsstrategie könnten die Manager der deutschen Bundesliga Millionen an Euros pro Jahr einsparen, selbst wenn sie dafür den Müttern von Kahn, Ballack, Neuville und Klose ein kleines Erfolgshonorar zahlen und ihnen zum Muttertag einen Blumenstrauß in den Vereinsfarben zukommen lassen, mit dem goldgestickten Text auf einer weißen Seidenschlafe: „Der Mutter sei Dank! Im Namen des FC Bayern München, Ihr Franz Beckenbauer, Präsident." Doch auch ein irisches Gespräch geht einmal zu Ende, und so schiebt denn der eine sein Rad in Richtung Heimat, während ich mit Sparky das „Walking the dog" betreibe.

Am nächsten Morgen, genau zur gleichen Zeit, treffen wir uns wieder. Es regnet. Nicht so, wie auf dem Kontinent, wo der Regen als schlichtes Wasser und völlig einfallslos vom Himmel fällt, sondern es regnet wie aus einer Spraydose für Body und Beauty. Dieser Regen ist so fein, daß man bei der Analyse auf das Wort „Tropfen" oder auch „Tröpfchen" strikt verzichten muß. Es handelt sich hier um so winzig kleine Feuchtigkeitspartikelchen, daß man sich überhaupt nicht vorstellen kann, daß man davon naß werden könnte. Aber man wird es, und das weitaus intensiver und gründlicher, als durch das kontinentale Regentropfensystem. Schon immer wollte ich diesen „Irish rain" so wie er ist, in Flaschen und Dosen einfangen und, versehen mit einem hübschen Etikett, das einen Regenbogen im zarten Morgennebel zeigt, als Schönheitswasser verkaufen. Ich bin überzeugt davon, daß dies eine echte Marktlücke ist, und daß mein „Irischer Regenbogennebel" die Häuser L'Oreal, Vichy und Chanel das Fürchten lehren würde.

Mein radschiebender, neuer Freund ahnte natürlich nichts von meinen hochfliegenden Kosmetikplänen und kommerziellen Überlegungen. Er begann das Gespräch genau so fröhlich und überzeugend, wie am Tag zuvor: „Nice soft rain to day, nice soft rain. We need it for the potatoes." Ich war sprachlos. Da hatte doch mein kleiner Philosoph, der da pudelnaß mit seinen 1 Meter 55 durch das irische Schönheitswasser hinkte und darüber hinaus noch über einen krummen Rücken, zwei riesige, verarbeitete Hände und ein bezauberndes Lächeln verfügte, eine Weisheit über „sunshine" und „nice soft rain" von sich gegeben, die ihn würdig und gleichberechtigt in eine Reihe stellte mit dem König aus Saint-Exupérys „Kleinem Prinzen". Der hatte die Macht, über Aufgang und Untergang von Sonne und Mond zu bestimmen, hütete sich aber wohlweislich, jemals eine Anordnung an die beiden Gestirne zu erteilen, die sie nicht ohnehin schon, auf Grund ihres Eingebundenseins in den Kosmos, von sich aus hätten vollziehen müssen. Der nasse Philosoph vor mir, das wußte ich in der Zwischenzeit von unserem Caretaker, war Jerry, aber man nannte ihn überall nur „Jerry the dancer". Das war nun ein Name, der aber in rein gar keinem Detail auch nur annähernd zu ihm paßte. „Jerry the smiler" hätte ich verstanden, oder auch „Jerry the bike pusher", aber „Jerry the dancer"? Rätselhaft.

Am darauffolgenden Sonntag, nach dem großen Footballmatch, das Kerry mit 3:11 gegen Cork mit 1:8 gewann, gingen wir in unseren local Pub, in unsere Stammkneipe um die Ecke. Dieser Pub ist so local, daß sich nur selten einmal ein Tourist dorthin verirrt. Er liegt weit ab von der Straße und gehört zu dem zauberhaft- und direkt an der Kenmare Bay gelegenen Country House „Tahilla Cove". Dieser Pub fällt, wie übrigens alle irischen Pubs, besonders den Lesern von „Home and Garden" oder „Ambiente" ganz besonders dadurch auf, daß er mit einer unaufdringlichen und wohltuenden Stillosigkeit eingerichtet ist. Nichts deutet darauf hin, daß sich hier ein Innenarchitekt oder Designer gegen teures Honorar selbstverwirklicht hat. Die im Lehrplan der Fachhochschulen festgelegten Gesetze zur Erzeugung von rustikaler Atmosphäre und Gemütlichkeit wurden hier total ignoriert. Alles wurde den Eingebungen des Chefarchitekten Zufall überlassen, und Mister Zufall hat schon so manchen semesterbeladenen Innenraum-Gestaltungskünstler in den Schatten gestellt. Hier hat das Leben seine Spuren hinterlassen und nicht irgendein Innenarchitekt. Und das Leben richtet sich nun mal nur widerwillig nach Auflagen und Vorgaben, sondern erzeugt statt dessen seinen eigenen – und Gott sei Dank – auch manchmal kitschigen stilfreien Stil.

Da hängt dann schon mal das Foto eines glücklichen Gastes mit seinem selbstgefangenen Lachs direkt neben der in allen Spektralfarben leuchtenden Mutter Gottes, und das Footballteam von Kerry ist so zu der Aufnahme von zwölf Dorfbewohnern mit Father O'Flaherty bei einer Pilgerfahrt in Lourdes positioniert, daß man annimmt, es handelt sich um die gegnerische Mannschaft in Zivil. Dann ist das also wahrscheinlich das Team von Cork; aber eben, weil man das einem Pub in Kerry nicht antun kann, nicht in den verhaßten roten Trikots mit den weißen Hosen. So also ist das auch hier in unserem Pub. Man fühlt sich, angesichts der durch und durch ländlichen Atmosphäre, muß man es schon so sagen, einfach sauwohl, und keiner könnte so recht sagen, warum eigentlich. Das aber ist genau der Unterschied zu den innenarchitektonisch durchgestilten Gasthäusern und den auf urdeutsch frisierten

Schankstuben. Da kann jeder Befragte genau sagen, warum er sich hier wohlfühlen muß, und warum es hier ja so gemütlich ist. Es war ja schließlich teuer genug, das alles so genau nach der Konzeption des Raumkünstlers aufzubauen und bühnenbildhaft zu inszenieren. Da die Verzehrpreise dann natürlich auch Schritt halten müssen mit dem Designerhonorar, bleibt dem Gast, angesichts der Rechnung, gar nichts weiter übrig, als das alles sich selbst gegenüber zu rationalisieren und zu sagen: „Dafür war es aber auch ein wunderschöner Abend, und so gemütlich, oder?"

Doch zurück zu unserem Pub in „Tahilla Cove". Hier treffen sich einige Dorfbewohner regelmäßig am Sonntagabend für einen Pint of Guinness, wobei die Anzahl der Pints abhängig ist von Stimmung und Laune und von der generellen Tagesform. Ein Vier-Pint-Abend dürfte dabei wohl dem ortsüblichen Schnitt entsprechen. Zum harten Kern der Pub-Mannschaft gehören seit Jahrzehnten schon drei Farmer, die seit Anbeginn ihren festen Stammplatz gegenüber der Theke auf einer Holzbank haben. Die drei Farmer sind Junggesellen. Dies nicht etwa aus Überzeugung, sondern primär deshalb, weil es keine Frauen mehr gibt, die das harte Leben eines kleinen Bauern auf Kerrys karger Scholle mit ihm teilen möchten. Wir hatten schon mal den Import deutscher Mädchen erwogen, haben diesen Plan aber im Interesse beider möglichen Kontrahenten rasch wieder aufgegeben. Bei unseren drei bachelors auf der harten Holzbank handelt es sich um Michael, John und Jimmy. Michael sitzt links, John in der Mitte und Jimmy rechts außen. Damit ist die Bank gut gefüllt. Die drei treffen ziemlich genau zur gleichen Zeit ein, viertel vor neun. Sie sitzen dann aufrecht und kerzengerade auf der hohen Bank, so wie in der Kirche, und sagen eigentlich den ganzen Abend lang gar nichts. Die Art und Weise allerdings, wie sie nichts sagen, ist höchst kreativ und unterhaltsam und verdient es, gebührend erwähnt zu werden.

Michael, also der Linksaußen, ist groß und hager und trägt, wo immer er auch ist, und was immer er auch tut, eine graugrüne Kappe mit kurzem Schirm. Er hat, wie die beiden anderen auch, noch seinen Sonntagsanzug von der morgendlichen Messe um viertel nach zehn an, und hat offensichtlich vor dem Gang zum Pub noch einmal massive Versuche unternommen, sein um zwei Nummern zu kleines Feiertagshemd durch einen Selbstbinder von solidester Qualität unter Kontrolle zu bringen, um wenigstens nach oben, zum Hals hin, den Eindruck zu erwecken, als sei das Hemd doch nicht zu eng. Hier hat das Wort „Selbstbinder“ noch die Bedeutung, daß es nicht Michael ist, der den Binder bindet, sondern daß es der Binder ist, der Michael bindet. Damit verleiht er allem, was von Michael ab Halsansatz zu sehen ist, einen festen und sicheren Halt, den Kragen eingeschlossen. Es kann schon sein, daß Michael ob dieser ein wenig atembehindernden Gesamtkonstruktion nicht erst, wie die anderen, nach dem zweiten Pint eine etwas rötlichere Gesichtsfarbe aufweist, sondern von Anfang an etwas Rouge von innen her aufgelegt bekommt. Macht nichts, denn Nichtkenner der rustikalen Gepflogenheiten halten dies sowieso immer für eine, die reine Gesundheit ausstrahlende und von Wind und Wetter gegerbte, also berufsbedingte Tönung des bäuerlichen Antlitzes. Ein blasser Bauer würde niemals als Bauer durchgehen, er hat gefälligst braungebrannt zu sein, oder doch wenigstens stark angerötet.

Michael sitzt nahezu bewegungslos in Reichweite seines Glases, das auf dem kleinen hölzernen Beistelltisch steht. Ähnlich einer Kuckucksuhr, nur in viel geringeren Abständen, so von etwa sieben Minuten, kommt aber plötzlich Leben in ihn, und er bewegt seinen Oberkörper zurück bis an die Rückenlehne der Bank. Dann hebt er den rechten Arm und schiebt seine Mütze, die er mit Daumen und Zeigefinger am kurzen Schirm faßt, ein Stückchen aus der Stirn nach hinten, und läßt den Arm mit einer ebenso mechanisch anmutenden Bewegung wieder nach unten auf seinen Oberschenkel gleiten, oder er greift dreißig Zentimeter weiter zum Beistelltisch, wo sein Pint of Guinness steht. Dabei ist er durchaus variabel und hält sich an keinen festen Ablauf. Ob Oberschenkel oder Guinness entscheidet er intuitiv und somit für den Betrachter auch unberechenbar. Auf eine Konstante kann man allerdings jederzeit bedingungslos vertrauen, wenn man Michaels allsonntägliche Darbietung verfolgt: Wenn er seine Mütze um 22 Uhr dreißig nach hinten geschoben hat, dann zieht er sie mit absoluter Sicherheit beim nächsten Auftritt um 22 Uhr siebenunddreißig wieder nach vorn. Nie würde Michael seine Mütze zweimal nacheinander nach hinten schieben oder zweimal nach vorn. Das ist so sicher wie Ebbe und Flut und würde im übrigen ja auch keinen Sinn ergeben.

Ganz anders ist das abendliche Unterhaltungsprogramm von John, der in der Mitte sitzt zwischen Michael und Jimmy. Er ist kleiner und stämmiger als Michael, ähnelt aber, was die Kleidung angeht, seinen beiden Banknachbarn. Da sein Anzug tiefschwarz ist, erinnert er manchmal an einen Geistlichen, und hier drängt sich der Vergleich mit Pater Brown auf. Doch sein knallroter Pullover und das weiße Hemd, das sich über den Pulloverkragen mühsam nach außen zwängt, zeugen davon, daß er nicht dem geistlichen Stand angehört. Er trägt sonntags zwar auch eine Krawatte, die aber wird durch das zum Licht strebende Hemd so weit nach unten in Richtung Pullover abgedrängt, daß man sie bei seiner Personenbeschreibung ruhig vergessen kann. Man sieht den obersten Rand des Knotens nur dann, wenn John sein Glas ansetzt und dabei den Kopf nach hinten neigt. Da er das häufig tut, ist dies wenigstens ein kleiner Trost für seine Krawatte, die sicherlich gerne mehr dazu beitragen möchte, ihrem Träger und Besitzer einen Hauch von Gentleman zu verleihen.

Eine zweifellos höhere Priorität bei der Erzeugung seines Gesamterscheinungsbildes nehmen da zweifellos seine Schuhe ein. Die sind von einer Größe, die in keinerlei anatomisch vertretbarem Verhältnis zu den übrigen Gliedmaßen von John stehen. Sie sind schwarz wie der Anzug und stets blitzblank geputzt, denn es sind seine Sonntagsschuhe. Vielleicht hat er sie einmal von seinem Vater geerbt, denn der soll ein wahrer Hüne gewesen sein. Der übliche Trost in solchen Situationen, daß John da schon noch hineinwachsen wird, scheint in diesem Falle total unangebracht zu sein. Doch es bahnt sich ein bekleidungstechnischer Kompromiß an, denn das, was Johns Schuhe zu lang sind, sind seine Hosen zu kurz. Das ist auch der wahre Grund, weshalb Johns Schuhe eine solch dominante Rolle spielen, denn man kann sie einfach nicht übersehen. An der Hose fehlen gute zehn Zentimeter zu einer beanstandungsfreien Länge für das, was der elegante Herr beim Besuch der Oper oder einer Bar trägt. Davon profitieren dann allerdings, neben den bereits erwähnten Schuhen auch noch seine Ton in Ton zum Pullover passenden knallroten Socken, die ungehindert am gesellschaftlichen Leben und Treiben im Pub teilnehmen können. Welcher Socke wird so etwas schon in ihrem Leben geboten?

John sitzt nicht ganz so steif und aufrecht wie Michael, aber immer noch gerade und steif genug, um selbst bei den Riverdancers nicht wegen nachlässiger Haltung abgelehnt zu werden. Die weiteren Erkennungsmerkmale Johns sind ein Glasauge, eine fast neue und deshalb so überaus komisch und deplaziert wirkende großkarierte Kappe, die ihm irgendwann einmal sein nach Amerika ausgewanderter Onkel vermacht haben muß, denn genauso sehen die Kappen aus, die man in New York für typisch irisch hält, und welcher Yankee läßt sich schon von seiner einmal gefällten Entscheidung abbringen. „What is good for America, that is good for everybody." Johns Wiedergutmachung für diese buntkarierte Verletzung irischer Würde und Tradition besteht darin, daß er einen derben Stock aus Schwarzdornholz mit einem handgeschnitzten Widderkopf als Krücke zwischen seine Beine geklemmt hat. Seine Darbietung ist nicht ganz so diffizil und anspruchsvoll, wie die von Michael mit Kappe vor und Kappe zurück in regelmäßigen Abständen. Er beschränkt sich darauf, in beliebiger Zeitfolge und für alle unvermutet, ganz plötzlich sehr tief und im ganzen Pub hörbar durchzuatmen. Es ist, als ob er vor dem Kreisarzt steht und der sagt: „Bitte, tief Luft holen!" Damit nicht genug nimmt John aber gleichzeitig noch und völlig synchron zum Durchatmen einen Handwechsel vor. Er hebt also zum Beispiel die linke Hand, die auf der rechten Hand liegt und mit ihr gemeinsam den Widderkopf auf dem Schwarzdornstock beschwert, genau im Moment des Einatmens hoch und ersetzt damit die vormalige rechte Stockhaltungshand. Somit liegt also jetzt die rechte Hand obenauf, und die linke kümmert sich um den Schafskopf. Das sieht dann genau so schön aus, wie auf einem Bild von

Wilhelm Leibl, dem süddeutschen Bauernmaler, und jeder im Raum kann sich an Hand dieses ehrlichen Beweisstückes davon überzeugen, wie hart und schwer ein kleiner, irischer Farmer arbeiten muß, um so weit über die Runden zu kommen, daß es am Sonntag abend gerade noch für ein paar Pints reicht.

Jimmy, der dritte Kleindarsteller auf der Holzbank, ist klein und untersetzt. In der Kleiderordnung hält er sich weitgehend an das, was seine Brüder im Guinness hier auch bieten. Dennoch erkennt man bei Jimmy auch einen gewissen Hang zur Originalität und zum Anderssein. Seine Hosen sind ebenfalls so wie die seines Nachbarn, schwarz, überbieten aber die korrekte Länge, die der jetzige Modetrend vorschreibt, ganz beträchtlich, von dem Längenunterschied in Relation zur Kurzausgabe der Hosen seines Nachbarn ganz zu schweigen. Diese Überlänge erklärt auch, weshalb man über Jimmys Schuhwerk nichts, aber auch gar nichts berichten kann. Geputzt oder ungeputzt? Schwarz oder braun? Leder oder Synthetik? Alles bleibt im Verborgenen und wird blickundurchlässig umhüllt von den zwei schwarzen und überall Falten werfenden Hosenröhren der Kategorie x-tra long. Das Jackett ist aus Connemara-Wolle und hat dieselben wunderschönen und beruhigenden Farben wie sein Geburtsland: braun, grau, dunkelgrün ineinander verwoben, bis sich dieselbe Farbe ergibt, wie man sie in den Hochmooren von Connemara oder auch in den wild zerklüfteten Burren findet. Es ist eigentlich keine richtige Farbe, sondern vielmehr eine große Emotion, eine Phantasie über den Urzustand der Erde und der Menschen. Wer so etwas trägt, spürt unweigerlich auch seine ganz persönlichen Verbindungen zu den Geistern und Nebeln, die über dem Land schweben und zu den sphärenhaften Tönen, die der Wind erklingen läßt, wenn er die Wogen peitscht, und wenn er mit dem niedrigen Buschwerk und Heidekraut spielt, die der kargen Landschaft ihr mühsames Überleben abringen.

Unter seinem Jackett trägt Jimmy ein dickes, weißes Baumwollhemd mit dünnen blauen Streifen. Das Hemd hat keinen normalen Kragen, sondern nur einen kurzen Abschlußsteg. So etwas heißt heute „Grandfathershirt" und ist absolut „in" bei Touristen beiderlei Geschlechts. Man findet es in jedem Souvenirgeschäft, und Tausende von Angehörigen auf dem Kontinent, in Japan und USA müssen sich alljährlich über das originelle Mitbringsel von der grünen Insel freuen. Ich habe auch eines, trage es aber, der Mode trotzend, nur bei Dunkelheit und dann auch nur als Nachthemd zur Winterszeit. Jimmys Hemd muß man allerdings freisprechen von all den zeitgeistigen Modevorwürfen. Es ist ein Hemd, das sicherlich schon ein paar Jahrzehnte auf dem nicht mehr ganz farbgetreuen Hemdenbuckel hat und das ohne die geringste modische Absicht und rein aus Gründen der Zweckmäßigkeit hergestellt und auch gekauft wurde, vielleicht von Jimmys Tante und als praktisches Geschenk zu seiner Kommunion. Seitdem trägt es Jimmy, aber eben nur sonntags, und deshalb ist es, bis auf die leicht verblassenden, blauen Streifen, auch noch recht rüstig und wohlerhalten.

Jimmy hat einen kreisrunden Kopf, so daß die blaugraue Schirmkappe einige Mühe hat, sich auf dieser überall runden Oberfläche einigermaßen sicher zu behaupten. Ob Jimmy kurz geschoren ist oder eine Glatze hat, das bleibt dem Betrachter ebenso verborgen, wie die bereits erwähnte Beschaffenheit seiner Schuhe. Jimmy gibt einem also von Kopf bis Fuß identifikationserschwerende Rätsel auf, weil er nicht so leicht einzusehen ist, wie seine Kollegen. Nun aber zum Gesicht, mit dem ganz allein er seinen Beitrag zum Gelingen des Abends im Pub von „Tahilla Cove" beisteuert. Er benötigt keinerlei weitere Hilfsmittel zu seiner einmaligen Schau, weder die Schirmkappe, wie Michael, noch den Schwarzdornstock, wie John. Jimmy tritt als „Mimiker mit Vokaleinlage" auf, und das läuft so ab: Nach einem kräftigen Schluck Guinnes setzt er das Glas ab und lehnt sich zurück. Mit dem Eintreffen seines Rückens an der Holzfläche hebt Jimmy ein wenig den Kopf, räuspert sich zweimal laut und deutlich und sagt mit dem Tonfall eines weisen und wissenden Propheten: „Well!" Dann zieht er in gleitendem Übergang von dem „Well" seine Mundwinkel für eine Sekunde hoch, so daß so etwas ähnliches wie ein begütigendes Grinsen über sein Gesicht huscht und läßt sie dann wieder nach unten fallen in die Ausgangslage, wo sie eigentlich hingehören, um Jimmys von Natur aus nachdenkliches Gesicht wieder zu komplettieren. Das Herunterfallen der nach oben gezogenen Mundwinkel hat für alle Zuschauer dieselbe Bedeutung wie das Fallen des Vorhanges im Theater, „The show is over – die Schau ist vorbei“. Die nächste Vorstellung folgt in zehn Minuten und bis dahin muß man sich anderweitig amüsieren. Jimmy hat vorerst seinen Teil getan.

An diesem Sonntag abend kommen wir etwas später in den Pub, finden aber alles vor wie gehabt: die drei Farmer auf der Bank gegenüber dem Tresen und noch einige andere aus dem Dorf, die wir fast alle kennen. Unter ihnen ist auch Dan, der auf der Ziehharmonika spielt und dazu mit dem rechten Fuß unbeirrbar den falschen Takt schlägt, also einen, den er gar nicht spielt. Man müßte annehmen, daß so etwas gar nicht geht, aber bei Dan geht es. Er schafft das spielend, und zwar durchaus richtig spielend und gut anhörbar, nur hinschauen darf man halt nicht. Ich werde davon unweigerlich seekrank, und deshalb sehe ich lieber weg und überlasse den Fall den Musikwissenschaftlern.

Man ist bei guter Stimmung an diesem Abend, und auch ein Tanzpaar hat sich schon aufgerafft und rutscht über den Linoleumfußboden. Es ist ein ungleiches Paar. Sie ist voluminös mit einer respektablen Oberweite, er dagegen ist klein und zierlich. Er allerdings, soweit man das durch den typischen Pub-Dunst hindurch aus der Ferne beurteilen kann, tanzt sehr gut, er schwebt förmlich. Seiner Herzdame hingegen scheinen jene Flügel noch nicht gewachsen zu sein, die einer Tänzerin das Schweben ermöglichen und der ihr Partner dann am Schluß des Tanzes das Kompliment macht: „Thank you, you dance like a feather, – Sie tanzen wie eine Feder.“ Unser kleiner Tänzer hat es hier offensichtlich nicht mit einem Vögelchen zu tun, das federleicht an seiner Seite dahinfliegt, sondern, um im Metier zu bleiben, mit einer Gans der obersten Gewichtsklasse und mit Federn, bei denen das Gewicht der Kiele allein jeglichen Schwebeversuch verhindert. Die Anwesenden im Pub amüsieren sich ein wenig über die beiden, das aber sehr freundschaftlich und keinesfalls ironisch oder hämisch, nein, das ist nicht die Art der Iren. Der kleine Tänzer konnte diese Gefühlsregungen allerdings überhaupt nicht wahrnehmen, da ihm durch die bereits erwähnte Oberweite jegliche Fernsicht genommen war.

Der Tanz war zu Ende, und artig und höflich brachte er seine Partnerin an ihren Tisch am anderen Ende des Pubs zurück. Dann trat er den Rückweg an, quer durch den Raum hindurch, in Richtung seines Platzes. Als er näher kam und seine Figur deutlicher wurde, sah ich, daß der kleine, so überaus flotte und schwebende Tänzer das rechte Bein nachzog. Er hinkte an mir vorbei und wir grüßten uns freundlich, denn wir waren alte Bekannte, ich und Jerry the dancer. Jerry tanzte noch häufig an diesem Abend und das durchweg mit besserem Ausblick als bei seinem ersten Tanz, denn es gibt auch sehr hübsche und sehr schlanke Mädchen im Dorf. Insofern war der eine Blindflug, den Jerry aus Gründen der Fairness gegenüber Mauerblümchen absolvierte ein Preis, den er sicherlich gern zahlte. Jedesmal, wenn Jerry, bereit zu neuen Tanztaten, an unserem Tisch vorbei hinkte und die Tanzfläche betrat, geschah die gleiche, erstaunliche Metamorphose. Mit dem ersten Tanzschritt war er kein kleines, hinkendes Männlein mehr mit einem Buckel und viel zu langen Armen, sondern er war ein strahlender, höchst musikalischer und begabter Tänzer, der sein kaputtes Bein Lügen strafte und mit größter Leichtigkeit dahinschwebte. Die Glückseligkeit strahlte ihm dabei aus den Augen, und keiner im Raum konnte sich dieser Faszination entziehen. Aus dem häßlichen Entlein war ein Schwan geworden, und es hätte mich nicht gewundert, wenn er zum Abschluß eines Tanzes groß und aufrecht und im seidig schimmernden Tänzertrikot eines Nurejew, stolzen Schrittes das Linoleum verlassen hätte, um die Glückwünsche und Blumen seiner Verehrerinnen entgegenzunehmen.

So aber hinkte er jedes Mal wieder klein, krumm und ein wenig verschwitzt an seinen Tisch zurück, um dort einen tiefen Schluck aus seinem Glas zu trinken. Aber, wie bereits erwähnt, Guinness ist ja nicht irgendein Getränk und primär gegen den Durst gedacht, Guinness ist das irische Allheilmittel, auf das man sich in guten und besonders in schlechten Zeiten jederzeit als Seelentröster verlassen kann, und das einem alles ersetzt, was man braucht, um nicht loszuheulen: Heimat, Erfolg, Gesundheit, Liebe und Zärtlichkeit. Warum also nicht auch rote Rosen von den begeistert jubelnden Damen für Jerry the dancer!

Doch sein ganz großer Auftritt steht noch bevor, und die meisten im Pub wissen das und warten darauf. Schon spät am Abend, gegen Mitternacht, wenn nicht mehr getanzt wird, spielt der Akkordeonspieler eine ganz bestimmte Tanzmelodie, einen Jig. Dann erhebt sich Jerry ein letztes Mal von seinem Platz und betritt ganz allein die Tanzfläche. Er macht einige rhythmische Bewegungen mit beiden Armen und Händen zum Publikum, umfaßt beim Einsatz der Musik mit der rechten Hand sein krankes und kaputtes Bein, winkelt es an und preßt es fest an seinen Körper. Und dann beginnt sein Tanz, der Tanz auf einem Bein. Er tanzt erst langsam, dann immer schneller und schneller, und seine Augen leuchten und strahlen: „Seht an! Hier tanzt Jerry. Und wie ihr seht, ich brauche dieses lahme und kaputte Bein eigentlich gar nicht, ich kann auch auf einem Bein tanzen. Das kann noch nicht einmal einer mit zwei gesunden Beinen! Aber ich, Jerry the dancer, ich kann das. Ich, Jerry bin kein Krüppel, ich bin ein Tänzer."

Ich muß gestehen, daß ich jedesmal mit den Tränen zu kämpfen habe, wenn ich Jerrys Tanz erlebe, den die meisten im Raum für amüsante Unterhaltung und für einen netten Spaß halten. Es ist aber kein Spaß, es ist bitterer Ernst. Es ist Jerrys das Schicksal bezwingender Tanz, in dem er ihm, diesem unfairen Schicksal ganz entschlossen entgegentritt und hinausschreit, daß nach wie vor in Jerrys kleinem, krummen Körper mit dem lahmen Bein einzig und allein er, Jerry, das Sagen hat und eben nicht dieses Schicksal, das ihn auf so brutale Weise niederzwingen möchte.

Der Tanz ist aus, die Melodie verklungen. Jerry hinkt erschöpft und diesmal schweißüberströmt an seinen Tisch zurück und lächelt still in sich hinein. Es ist genau jenes überirdisch schöne Lächeln, wie wir es von den Engeln kennen, die in Öl gemalt oder aus Holz geschnitzt in unseren Kirchen hängen.

Michael, John and Jimmy
Jerry the dancer

Handwerker — Erdbeben, Flutkatastrophen und Handwerker sind vom Versicherungsschutz ausgeschlossen

In Deutschland gibt es Tausende von Geschichten über die leidvollen Erfahrungen mit diesem Berufsstand, und eigentlich kann jeder aus dem Stehgreif mit seiner Geschichte zu diesem endlosen Thema beitragen. In Irland gibt es das nicht. Handwerker sind kein Thema. Man hört sich zwar geduldig und auch amüsiert unsere Beschwerdegeschichten über sie an, weiß aber so gut wie keine eigenen Geschichten darüber zu erzählen.

Und das hat seinen entwicklungsgeschichtlichen Grund: Handwerker sind in Irland nicht so sehr Mitmenschen und Mitbewohner dieses Erdballs, sondern es sind Naturereignisse wie Regen, Sturm und Blitzschlag, und man führt sie mental unter „Unberechenbare Urgewalten", mit denen man es am besten nicht verdirbt, wenn man rein biologisch über die Runden kommen will. Wie also sollte man sich dann über solch eine Höhere Gewalt beschweren und bei wem? Ein Schutzpatron, der die Interessen derjenigen wahrnimmt, die einen Handwerker brauchen, wäre zwar dringend vonnöten, aber es gibt ihn nicht. Deshalb schickt man sich drein, wie in so manches, was ein Ire über die Jahrhunderte hinweg erdulden mußte.

Die Handwerker sind damit ein fester Bestandteil der tragischen, irischen Geschichte, und niemand regt sich über das auf, was diese hochkreative Zunft alles an überzeugenden Ausreden parat hat, um entweder gar nicht zu kommen, oder nach einem Tag nicht mehr wiederzukommen, oder die bestellten Fenster erst mit einem Jahr Verspätung einzubauen. Wir haben zehn Jahre gebraucht, um die Regeln für dieses Spiel einigermaßen zu kapieren. Wir akzeptieren diese Rituale zwar auch heute noch nicht, aber wir leiden weniger darunter, und da wir bei dieser selbstbewußten Spezies zunächst mal wenig oder gar nichts erwarten, können wir auch nur schwer enttäuscht werden. Wir rechnen von Anfang an mit dem

Negativsten, was überhaupt möglich ist. Durch die Anwendung dieses einfachen Psychotricks kann also folgerichtig alles, was da auch kommen mag, nur besser werden.

Der „Non resident", also der, der nicht dauernd hier wohnt, hat es erfahrungsgemäß besonders schwer, denn die Spielregeln sind hart: Wer auch immer sich als Auftraggeber für einige Wochen oder gar Monate vom Tatort entfernt, wird automatisch auf der Liste des Handwerkers gelöscht und verwirkt somit den Anspruch an der, in unregelmäßigen Abständen stattfindenden Verlosung bei der Auftragserledigung teilzunehmen. Man ist also wortwörtlich „weg vom Fenster", auch wenn man diese schon vor sechs Monaten bestellt hat. Also, eine ganz, ganz wichtige Regel für Anfänger bei der Handwerkerbehandlung: Entferne dich nie von deinem Wohnort, solange der Auftrag noch nicht ausgeführt ist und jammere, was das Zeug hält, und das möglichst jeden Tag. Zermürbungstaktik! Auf der anderen Seite aber bietet dieser Daseinskampf mit der irischen Handwerkergilde auch nicht zu übersehende Reize, man bekommt immer, zusätzlich zur schließlich doch noch erbrachten Leistung und völlig kostenlos, eine phantasievolle und interessante Geschichte mitgeliefert. Zugegeben: Diese Stories entbehren im Moment des Erzählens ein wenig der Sympathie beim Betroffenen, und es wäre ihm sicherlich lieber, wenn der Handwerker praktisch Hand angelegt hätte, statt seinen Phantasiereichtum beredt unter Beweis zu stellen. Aber im Laufe der Zeit, wenn der Zorn verflogen ist und die Stories ein wenig abgehangen sind, ändert sich das. Die Stories gehen in die Geschichte ein und bereichern den ganz persönlichen „Märchen- und Sagenschatz zur Ausübung des handwerklichen Gewerbes". Wir könnten Abende damit füllen.

Ein weiterer guter Rat, wenn man mit Handwerkern zu tun hat: Gehe regelmäßig zur Kirche, zur allsonntäglichen Messe. Die braucht man zwar ohnehin schon, ob all der Prüfungen und Leiden, die einem durch Maurer, Klempner oder Maler auferlegt wurden. Aber die Kirche bietet über den rein seelsorgerischen Trost hinaus noch einen weiteren und ganz praktischen Vorteil für den Bauherrn: Die Kirche ist nämlich der einzige Ort in der ganzen Region, wo man den Handwerker auch wirklich am Sonntag antrifft. Dafür sorgen mit großer Zuverlässigkeit seine eigenen höheren Gewalten, nämlich seine Frau und seine Schwiegermutter. Und auf die beiden ist Verlaß. Außerdem hat natürlich auch der Priester, Father O'Flaherty, ein wachsames Auge auf seine Schäflein, und mehrmals in der Messe zu fehlen, ohne tot oder schwerkrank zu sein, traut sich auch der hartgesottenste Handwerker in Anbetracht der möglichen Auswirkungen auf sein nachirdisches Dasein, nicht. Hier hat die protestantische Kirche einen enormen Nachholbedarf, da sie die einmalige Chance ausläßt, die Reparatur der Wasserleitung im irdischen Bereich mit der Reparatur der Seele für das überirdische Geschehen auf organische Weise zu kombinieren und diese Interessengemeinschaft zum Wohle der leeren Kirchenstühle und Kassen zu nutzen.

Aber, um der Wahrheit die Ehre zu geben: Es gibt auch zuverlässige und tüchtige Handwerker in Irland, aber sie sind in der Minderzahl, und wir haben die deprimierende Feststellung gemacht, daß auch Handwerker aus Holland oder Deutschland, die sich hier in Irland ansiedeln, nach spätestens drei Jahren der irischen Handwerkermentalität erliegen und sie dann auf manchen Gebieten sogar noch übertreffen, wahrscheinlich deshalb, um auch in Kollegenkreisen als vollwertiger und solidarisch die Zunftspielregeln einhaltender Handwerker zu gelten. Also, ein kleiner Tipp am Rande: Nichtirische Handwerker zu beschäftigen, ist höchst empfehlenswert bis zu ihrer Eingewöhnungszeit von drei Jahren. Dann ist erfahrungsgemäß ihr Verfallsdatum als ehemaliger kontinentaler Berufskollege abgelaufen, und dann bleibt man besser bei den Originallandeskindern. Da bekommt man wenigstens stets noch eine Geschichte dazu, und die auch noch in englischer oder irischer Sprache.

Jack, der Fliesenleger — Always trouble with the foreigners

Jack legte zwar Fliesen, aber, wie die meisten der irischen Handwerker, machte er auch noch alle möglichen anderen Arbeiten, vorausgesetzt es war einem gelungen, ihn tatsächlich ins Haus zu locken. Jack reparierte auch das Dach, verputzte den Schornstein und strich die Hauswand und die Dachbalken. Er reparierte eigentlich fast alles, was im Haus und ums Haus herum handwerkliche Hilfe brauchte. Damit nicht genug, war Jack aber auch noch Farmer, baute Kartoffeln an und besaß sechzehn Kerry-Cows, das sind die ganz schwarzen Kühe mit einem Ausdruck in den Augen, daß man sich schwört, niemals wieder im Leben Beefsteak Tartar zu essen.

Jack war mittelgroß, dunkelhaarig, schlank und sehr agil und schnell, was in Irland nicht gerade zu den hervorstechenden Eigenschaften der Landeskinder zählt. Er war braungebrannt und trug natürlich, wie all die anderen auch, stets und überall seine braune Tweedkappe. Das Gesicht darunter war ebenfalls braun, aber eben nicht so ein Delial-Sonnenmilchbraun mit Lichtschutzfaktor zwölf und Hautalterungsverhinderer, oder das noch künstlichere Einheitsbraun vom Sonnenstudio, sondern dieses Bauern- und Fischerbraun, das es nirgendwo im Laden gibt, und an das man nur durch harte und ausdauernde Arbeit unter freiem Himmel herankommt. Dann allerdings bekommt man es als kostenlose Zugabe vom Herrn über Sonne, Wind und Regen mit Garantie auf Lebenszeit. Deshalb ist dieses tiefe und eingegerbte Bauernbraun auch immer gekoppelt mit einem etwas krummen Rücken, mit großen zerfurchten Händen und mit dick hervortretenden Adern auf dem Unterarm. Nie stößt man auf die Kombination Bauernbraun und schlanke, grazile Hände, oder Sonnenstudiobraun mit großen, derben und verarbeiteten Händen. Man muß sich im Leben schon für eines von beiden entscheiden. Jack hatte das schon lange getan, wobei ihm seine Umweltbedingungen und seine Kindheit diese Entscheidung schon sehr früh abgenommen hatten. Schade nur, daß in diesem überaus fröhlichen und Arbeitsfreude ausstrahlenden, bauernbraunen Gesicht auch die Zähne beschlossen hatten, sich dem vorherrschenden Farbton anzupassen, wenn auch nicht ganz so dunkel, sondern ein klein wenig heller, ein Kleinbauernbraun.

Da aber fast alles im Leben eine gute und eine schlechte Seite hat, so auch hier bei Jacks Zähnen. Durch ihre solidarische Tönung, die sich nunmehr farbharmonisch in die übrige Gesichtslandschaft einfügte, konnte man nur aus sehr großer Nähe erkennen, daß sie, die Zähne, in einem fürchterlichen Zustand waren. Doch, wie gesagt, ähnlich dem Feldhasen, der sich in die Bodenfurche duckt, um sich zu tarnen, waren auch Jacks Zähne nur im „close up", in der Nahaufnahme voll einsehbar. Die Lücken zwischen ihnen waren angesichts der Gesamtsituation das bei weitem beruhigendste, der Rest war höchst beunruhigend. Aber in Irland fällt so etwas niemandem sonderlich auf. Das ist halt so, wenn man über fünfzig ist, und wenn man nicht gerade in Dublin – Sandy Mount – großgeworden ist.

Dann aber kam eine junge Schwiegertochter in Jacks Haus, und die war hübsch und schlank und hatte wundervolle weiße Zähne. In Kennerkreisen stehen die Wetten neun zu eins, daß dies den Ausschlag gegeben hat für Jacks Griff in den Sparstrumpf und den Gang zum Zahnarzt nach Cork. Wie dem auch sei, eines Sonntags, morgens um neun Uhr dreißig, erschien Jack zur Messe mit nagelneuen, weißen Zähnen. Wenn er lachte, und er lachte oft und gern, sah er ein bißchen aus wie Clark Gable in der Großaufnahme kurz vor dem schon lange von allen Kinobesuchern erwarteten Kuß. Ich glaube, es ist kein Sakrileg und auch keine Herabsetzung der rhetorisch-theologischen Leistung von Father O'Flaherty, wenn man feststellt, daß Jacks Zähne an diesem Sonntag mehr Aufmerksamkeit auf sich zogen als des wackeren Priesters erbaulichen und auch ermahnenden Worte und das Schwenken des Weihrauchkessels.

Am folgenden Tag, am Montagmorgen, kam Jack zu uns, um die Dachrinne zu reparieren, und ich erkannte ihn kaum wieder; denn es war der alte Jack mit den Zähnen, die zu seiner Gesichtsfarbe paßten und nicht der neue, der denselben Zahnarzt wie Clark Gable hatte. „Jack, where are the white teeth? – Jack, wo sind denn die weißen Zähne?“ Und darauf Jack in einem Tonfall, der erkennen ließ, daß er diese Frage eigentlich für ziemlich überflüssig hielt: „It is Monday today!“ Jack hatte also seine Sonntagszähne zusammen mit seinem Sonntagsanzug und seinem Sonntagshemd wieder in die Schublade gepackt und gönnte diesen schönen Dingen sechs Tage Ruhe und Erholung bis zum nächsten Einsatz bei der Messe um neun Uhr dreißig.

Jack hatte bei uns alle Fliesen und Kacheln gelegt, die wir in Küche und Bad für erforderlich hielten. Die Entscheidung, welche Fliesen, welche Farbe und welche Größe wurde einem zu dieser Zeit sehr leicht gemacht. Es gab nur eine einzige Fliesenart und die war fünfzehn mal fünfzehn Zentimeter groß und weiß. Von solchen Fliesen hatte Jack schon Tausende verlegt, und er machte das gut, sauber und schnell. Doch meiner Frau, es war Vollmond, stand diesmal der Sinn nach etwas neuem, etwas anderem als fünfzehn mal fünfzehn in hospitalweiß, und da gerade die Duschecke im kleinen Gästehaus fertig geworden war, hatten wir aus Deutschland etwas mitgebracht, was Jack noch nie in seinem Leben gesehen hatte. Es waren zwei mal zwei Zentimeter kleine Mosaikfliesen, die auf einem dreißig mal dreißig Zentimeter großen Netz aufgeklebt waren. Das war, wie sich herausstellen sollte, ein riesengroßer Fehler von uns, denn wir verstießen damit erneut gegen eine der wichtigsten Regeln, um in Irland einigermaßen ungeschoren über die Runden zu kommen: Bringe nie Sachen von wo auch immer mit, die ein irischer Handwerker nicht kennt. Diese „strange things“ sind von Anfang an, ohne daß er sich das anmerken läßt, seine erklärten Feinde und auf irgendeine Art rächt er sich dann auch dafür beim Einbau oder Anbringen der verdächtigen Elemente.

Als wir im darauffolgenden Frühjahr zurückkamen, waren wir natürlich auch gespannt auf die Duschecke, für die wir die innovativen und traditionssprengenden Mosaikfliesen ausgesucht hatten. Doch bevor wir noch nachsehen konnten, stand Jack bereits in der Tür. Er machte uns die Mitteilung, daß er das Garagendach mit einer neuen Bitumenschicht überziehen müsse, „because of the rain, you know, it is leaking". Auf deutsch: Es regnet durch. Wir sagten sofort zu und freuten uns insgeheim, daß unsere permanenten Wünsche, Jack zu einem umsichtigen und zuverlässigen Haus- und Hofhandwerker zu erziehen, anscheinend doch die ersten Erfolge zeigten. „Yes, Jack, of course, and thank you." Doch der Anlaß für sein Kommen war ein ganz anderer.

Im Hinausgehen, und die Tür bereits in der Hand, stoppte er plötzlich und wendete sich, wie Colombo in seiner Krimiserie, noch einmal zu uns um. „It was a lot of work." Da wir diese Botschaft, die Jack noch dadurch nachhaltig verstärkte, daß er sich zweimal mit dem Handrücken unter der Nase entlang fuhr, nicht verstanden, fragten wir zurück: „What was a lot of work?" Noch einmal fuhr sich Jack mit dem Handrücken dort lang, wo bei Clark Gable das Bärtchen und bei ihm, da es ein Dienstag war, die Wochentagszähne saßen und erklärte sorgenvoll: „The small tiles, die kleinen Fliesen." Jetzt ahnten wir, was er meinte und schlugen deshalb vor, ins Gästehaus zu der neuen Duschecke zu gehen.

Am Tatort angelangt, erkannten wir mit einem Blick, was Jack meinte und welche Sorgen ihn quälten. Anstatt die großen Fliesenquadrate von dreißig mal dreißig Zentimetern mit insgesamt fünfzehn Reihen der kleinen Mosaikfliesen anzubringen, hatte er die kleinen zwei mal zwei Zentimeter Steinchen einzeln abgelöst und per Hand wiederum einzeln in den Fliesenkleber gedrückt. Das ergab also pro großem Fliesenquadrat, das er in einem Stück hätte verlegen müssen, insgesamt fünfzehn mal fünfzehn, also zweihundertfünfundzwanzig Einzelvorgänge pro Großquadrat. Da wir achtzehn solcher Quadrate besorgt hatten und nur noch wenige davon übrig waren, hatte Jack also etwa zwölftausend Kleinst-Mosaikfliesen per Hand verlegt. „A lot of work!"

Jetzt verstanden wir seinen durch und durch berechtigten Stoßseufzer im vollen Ausmaß. Natürlich waren bei der Anwendung dieses höchst individuellen Handauflegenverfahrens auch einige mathematische und geometrische Grundgesetze über die Waage-

Jack – die genialische Behandlung der Fläche.

rechte und die Senkrechte ein wenig durcheinander geraten, aber das ganze war durchaus noch erträglich. Ich hatte sogar schon die Idee, das ganze Werk zur nächsten Dokumenta in Kassel, die bei uns unter „Construkta“ geführt wird, anzumelden, weil der Künstler damit die läppischen und durch nichts gerechtfertigten Regeln über das Verhältnis der Horizontalen zur Vertikalen weit hinter sich läßt und frei und genialisch über die Fläche als Ganzes verfügt. Er macht sich damit die Fläche untertan und triumphiert über die Mathematik. Rein menschlich gesehen hatte der Duschraum dadurch sogar gewonnen, bot er sich jetzt dem Duschwilligen doch so dar, als habe er, der Duschbereite, schon zwei doppelte Whiskey zu sich genommen. Bei jedem Duschgang spart man also jetzt zweimal zwei Pfund und 20 Pennies, das macht vier Pfund vierzig, oder nach neuerer Münzrechnung fünf Euro und 50 Cent, und das garantiert ohne alkoholische Risiken und Nebenwirkungen. Wo, so frage ich, gibt es wohl eine bessere und sicherere Geldanlage, als bei Duschräumen der Marke „Jack“. Der Werbeslogan: „Dusche mit Jack und der Dreck geht weg. Aber das Geld bleibt.“

Jeremy der Tischler — Tote sind auch nicht mehr das, was sie mal waren

Sein Großvater war Tischler, sein Vater war Tischler und also wurde Jeremy zwangsläufig auch Tischler. So war nun mal der Lauf der Dinge, und wäre er nicht Tischler geworden, hätte die ganze Gemeinde besorgt nachgefragt, was denn mit Jeremy nicht in Ordnung sei. Allerdings hatte sich Jeremy dann schon frühzeitig spezialisiert und sich ein Marktsegment in der holzverarbeitenden Handwerkerzunft ausgesucht, das nach menschlichem Ermessen eine nachgerade todsichere Zukunft mit Umsätzen in wenigstens gleichbleibender Höhe versprach. Jeremy wurde Sargtischler, und auf diesem Gebiet konnte ihm so leicht keiner den Hobel reichen. Seine Kundschaft, zum mindesten die lebende, war zufrieden, und der Veranlasser der Auftragserteilung an Jeremy konnte nur schwerlich Beschwerde einlegen oder Nachbesserungen verlangen.

Jeremys lebenslanger Umgang mit Holz, Hobel, Säge und Sägespänen hatte ihn selbst zu einem ein Meter fünfundsiebzig großen Stück Vierkantholz werden lassen, und wenn er sich über Mittag für ein halbes Stündchen zwischen seine hölzernen Balken legte, dann war das, was man sah, ein Holz und eine Seele. Deshalb roch Jeremy auch nach der schwersten körperlichen Arbeit niemals nach Schweiß; Jeremy roch nach Harz. Seine Werkstatt lag inmitten eines uralten, ehemaligen Sägewerkes direkt hinter der Pier an der Kenmare River Bay. Das Sägewerk gehörte O'Brian Corkery, und ich ging gerne und oft dorthin, um mit Jeremy ein bißchen zu reden. Es war der ideale Platz, um sich alte Geschichten anzuhören mit einem stimulierenden – und auch zuweilen betörenden – Geruch nach Holz, Harz und Knochenleim, den man auf dem kleinen gusseisernen Kanonenöfchen heiß machen mußte, damit er streichfähig wurde. Dann allerdings hält er wie, na ja, wie eben Knochenleim, der auch heute noch das von den Großeltern geerbte massive Bett aus Eichenholz fest und unverbrüchlich zusammenhält.

Die heutigen Fast-sleep-Bettgestelle mit ihrer Wegwerfmentalität können davon nur träumen.
Was mich in Jeremys Werkstatt störte, das war sein angebauter Schuppen, in den man gelangen konnte, wenn man eine alte Bettdecke, die vor der Öffnung als Türersatz hing, mit beiden Händen zur Seite schob. In diesem Schuppen von allerunterster Qualität und Bauart lagerten viele verschiedene Holzarten dicht aufeinander gestapelt und warteten auf Säge und Hobel. Darunter waren nicht nur einfache Fichten- und Kieferbretter, sondern auch solche aus Teak, Mahagoni, Eiche, Buche und brasilianischer Kiefer, also Hölzer der allerhöchsten und auch teuersten Qualität. Das Dach jedoch über Jeremys Schuppen nahm keinerlei Rücksicht auf diese edlen Gäste, die doch eigentlich seinem Schutz anvertraut waren, sondern erlaubte es dem Regen, an zwei Stellen ungehindert nicht nur an das einfache Fichtenholz heranzukommen, sondern auch den gleichen, feuchten Eindruck auf den Brettern aus den edelsten unter den Hölzern zu hinterlassen. Ich glaube sogar, daß diese Tatsache dem Dach eine gewisse klammheimliche Freude bereitete, denn der Grund lag auf dem Dach.

Im Gegensatz zu den Brettern aus bester Familie mit uralter Tradition stammte das Dach von der Familie Wellblech ab und dann auch noch von jenem Zweig, der selbst in der Wellblechfamilie nur ungern genannt wird und das geringste Ansehen besitzt. Niemand der gewellten Vettern und Basen, die allesamt auf ihren guten Ruf bedacht waren, wollte irgend etwas mit „denen" zu tun haben. „Denen", das ist die Nebenlinie, der an und für sich rechtschaffenen und ehrlichen Wellblechs, die aus unerklärlichen Gründen und keinesfalls Gen bedingt, von Jugend an eine rätselhaft innige Beziehung zum gemeinen Rost hat. Um es im Klartext zu sagen: Zwei Stellen im Wellblechdach waren durchgerostet. Das Rostrot triumphierte über das metallische Grau, so daß man, wenn sie schien, die Sonne hindurchsehen konnte, aber eben auch die nässenden Wolken, wenn es regnete. Und der Regen begnügte sich, nach Regenart, nicht mit dem bloßen Gesehenwerden von drinnen, sondern drang ungeniert ein auf Teak, Mahagoni, Eiche und Buche. Um die einfachen Holzvertreter schien er einen Bogen zu machen, aber seine ballistische Kurve war ihm ja durch die Niedertracht und Häme der Roststellen im Dach vorgegeben.

Mich schmerzte dieser Tatbestand, und das schöne Holz tat mir leid. Also machte ich mich eines Tages daran, während Jeremy irgendwo im Gelände herumwerkelte, und holte aus dem Nachbarschuppen, der mit allem möglichen Werkzeug und Material vollgestopft war, eine nagelneue, lediglich verdreckte Wellblechbahn von drei Metern Länge und ein Meter dreißig Breite. Mit Hilfe einer Leiter hievte ich das Prachtstück nach oben und direkt zu den rostigen Verwandten aus der Nebenlinie. Das neue Blech war groß genug, um beide rostigen Bösewichte vollkommen abzudecken und ihrem schadenverursachenden Treiben Einhalt zu gebieten. Ich war zwar reichlich dreckig geworden bei dieser Aktion „Wellblech für Jeremy", aber der Stolz über meine gute Tat wog das bei weitem auf. Dann legte ich noch acht große Steine zur Beschwerung auf das neue Blech und kletterte hinab zur Werkstatt. Jeremy rührte im Knochenleimtopf und hatte von dem, was da halblinks über ihm geschah, nichts bemerkt. Da die zahlreichen Katzen aus der Nachbarschaft sich dieses Dach als Sonnenstudio auserwählt hatten und dort ihr Fell wärmten, war Krach auf dem Schuppendach außerdem überhaupt nichts Ungewöhnliches und gab keinerlei Anlaß, um näher nachzuforschen. Jeremy begrüßte mich und schaltete die Motorsäge ein. Offensichtlich hatte er viel zu tun, und so verabschiedete ich mich denn und fuhr nach Hause.

Drei Tage später regnete es, und das war der geeignete Moment, um Jeremy meine Regenabfang-Anlage zu zeigen. Jeremy freute sich über meinen Besuch und hatte Zeit. Offenkundig waren im Städtchen alle gesund, denn die neue Medizin verdirbt ja auch so manchem Sargtischler das Geschäft oder schiebt es wenigstens hinaus. Jeremy war sprachlos, und das geschah eigentlich nie, und es fehlte nicht viel, daß er sich bekreuzigt hätte. „Oh, Jesus Christ!" So etwas können eben nur die Deutschen. „Nobody else" wäre auf solch eine Idee gekommen. „The Germans, great nation!" Dabei schlug er mir voller Begeisterung mehrmals auf die Schulter, so als wollte er mich damit auch sicht- und spürbar auszeichnen. Es ist aber etwas anderes, ob man von Queen Elisabeth mit sanftem Schwertauflegen zum Ritter befördert wird, oder ob einem ein irischer Sargtischler seine rechte Gerade mehrmals auf das Schlüsselbein donnert. Man hat auf jeden Fall wesentlich länger etwas davon.

Doch dann, und das ziemlich unvermittelt, fing Jeremy zu klagen an. Vor ihm lagen mehrere Reststücke von Brettern und alle waren mittels eines dicken Zimmermannsbleistifts mit Zahlen und Zeichnungen vollgekritzelt; Papier oder gar Schreibpapier gab es nicht in der Werkstatt. Auch ich kriegte, wenn ich bei Jeremy etwas abholte, meine Rechnung immer auf ein kaminfeuerfreundliches Holzbrettchen geschrieben.

Heute aber mußte es bei Jeremy besonders turbulent zugegangen sein, denn er hatte nicht nur sechs Holzbrettchen, sondern auch noch, da der Holzschreibvorrat zu Ende ging, seinen linken Handrücken beschrieben, den allerdings mit einem schwarzen Kugelschreiber. Jeremys Klage war grundsätzlicher Art und umfaßte nicht nur den Zustand seines Gewerbes, sondern den der ganzen Menschheit.

Früher, so lautete seine Klage, gab es praktisch nur eine einzige Sarggröße und auch eine einheitliche Verarbeitung und Ausstattung. Ähnlich unserem Volksempfänger der dreißiger Jahre auf dem Gebiet des Rundsprech- und Rundfunkwesens, gab es hier in Irland im Marktbereich „Erdmöbel“ den Volkssarg. Der war solide gebaut, für jedermann erschwinglich und es paßte jeder hinein, der guten Willens war. Man konnte sich also schon mal einen Sarg mehr leisten in dieser guten, alten Zeit. Er war aber auch, und das geht nun Jeremys Geschäft direkt an, einfach, unkompliziert und schnell herzustellen. Jeremy hätte den Volkssarg auch bei einem der zahlreichen Stromausfälle im Dunkeln zurechtbauen können. Er wäre nicht schlechter geworden, als der bei hellem Tageslicht gefertigte. Nicht so heute. Jeder hat Wünsche – und was für Wünsche! Nicht nur die Größe muß individuell und dem Inhalt angepaßt sein, sondern auch die äußere Form soll dann noch originär und auf keinen Fall so sein wie die des Sarges von Liam Mc.Carthy in der letzten

Woche. „Crazy people all together!" An ihn, Jeremy den Sargtischler, dachte dabei natürlich keiner. Rücksichtslos und unsensibel machten sie vorgegebene Maße und Bauart einschließlich der mehr dekorativen Sargverzierungen zum festen Bestandteil des Auftrages. „Bezahlung nur bei kompletter Auftragserfüllung".

Da saß nun also mein armer Jeremy mit seinen fünfzig Jahre alten und so bewährten Schablonen für den Volkssarg, den er schon fünfhundertmal gebaut hatte, und schaute verzweifelt auf seine Holzbrettchen mit all den Sonderwünschen. Ich war betroffen und fühlte mich verpflichtet, meinen Freund moralisch zu stabilisieren und wieder aufzurichten: „Aber Jeremy, da können wir nichts dran machen. Die Zeiten haben sich nun mal geändert, und wir müssen der Realität ins Auge sehen." Er schaute mich traurig, aber doch auch mit einem „twinkle in the eye" an. „Reality", sagte er und machte eine Pause, „reality is quite often an illusion and only based on the lack of alcohol – Realität ist ziemlich oft bloß eine Illusion, die auf dem Mangel an Alkohol beruht." – „No, no, believe me: Building a coffin now-a-days, that is no good fun!" – „Glaube mir, heutzutage einen Sarg zu bauen, das macht keinen Spaß mehr!" Ich glaube ihm das aufs Wort und ich weiß, mancher Sarg macht Jeremy sogar richtig traurig.

"Building
a coffin-
now-a-days-
that is
no good fun!"

Larry der Polsterer — Indianer und irische Sessel kennen keinen Schmerz

In der rechten Ecke unseres Wohnzimmers in der Nähe des Kamins steht, unübersehbar und gewichtig, ein sehr großer und sehr grüner Ohrensessel. Es ist so einer, wie er in den alten britischen Sherlock Holmes Filmen vorkommt, und worin dann, für den eintretenden Doktor Watson nicht einsehbar, entweder der Mörder sitzt mit der Pistole hinter der „Times" oder aber der Ermordete mit einem angemessen großem Loch in dem ihm, Sir Archibald, gehörenden Charakterkopf. Wir hatten diesen Sessel zusammen mit noch anderem Mobiliar von unserem Vorgänger, Mister Walton, übernommen. Ich liebte diesen Sessel, denn er war so richtig schön gemütlich, und sein Designer hatte bei der Erschaffung dieses Objektes keinerlei künstlerische Ambitionen im Kopf, sondern war nur darauf bedacht, daß es dem einst in ihm ruhenden Rücken oder Po möglichst gut geht, und daß sich der Besitzer der beiden Körperteile auch als ganzes in ihm richtig wohlfühlt.

Meine Frau, wie so oft bei Artikeln meiner Bekleidung oder bei meinen Lieblingsmöbeln, hatte einen etwas weniger günstigen Eindruck von dem Sessel und ein eher gespaltenes Verhältnis. Sicher war der Bezugsstoff auf Grund seines Alters nicht mehr überall so grün, wie er es in seiner Jugendzeit war, aber man konnte mit einiger Phantasie und gutem Willen diese etwas verblichenen Teile, modisch korrekt, durchaus auch als „moosgrün" bezeichnen. Damit wäre der Sessel mit seinen Farbvariationen in Grün zu einem interessanten Unikat avanciert. Leider fehlte meiner Frau in diesem Falle die notwendige künstlerische Imagination und Vorstellungskraft. Natürlich zeigte auch der Stoff des breiten Sitzkissens leichte Verschleißerscheinungen und war dünn und blank geworden. Aber welchem altehrwürdigen britischen Ohrensessel, der in einem Sherlock Holmes Film mitgespielt haben könnte, wollte man wohl daraus einen Vorwurf machen?

Das aber, was meine Frau am meisten störte, war eine Sprungfeder, die sich vor geraumer Zeit genau in der Mitte des Sessels selbstständig gemacht hatte und nunmehr, befreit von ihrem Sprungfeder-Halterungskorsett, ihre eigenen Wege ging. Mich störte diese höher hinaus wollende Sprungfeder überhaupt nicht. Im Gegenteil. Ich hatte ihr sogar einige Sympathie abgewonnen, denn wenn man sich anpaßte und genau richtig im Sessel positionierte, übte diese freiheitsliebende Feder einen gewissen Massageeffekt auf die Körpergegend aus, in deren Mitte, so glaube ich wenigstens zu wissen, die Prostata sitzt. Solche Macho-Argumente waren natürlich höchst eingeschlechtlich empfunden, und Alice Schwarzer hätte mich damit in ihrer „Emma" so an den Pranger gestellt, daß ich mit ruhigem Gewissen keinen Po mehr in diesen Sessel gekriegt hätte. Auch ein letzter und geschlechtsneutraler Versuch, dieser Feder die Eignung als Reflexzonenmasseuse zuzusprechen, schlug fehl. Meine Frau konnte und wollte meinen „Save-our-Sessel-Vorschlägen" nicht folgen. Ja, sie konnte darüber nicht einmal mehr lächeln, und das war ein ganz schlechtes Zeichen.

Zum Glück gab es den Begriff „Sperrmüll" in Irland überhaupt nicht. Das bewahrte meinen Sessel wenigstens vor dem Ärgsten. Das, was wir als Sperrmüll in Deutschland einstufen und auf die Straße stellen, tut überall in den Wohnstuben, Küchen und Schlafzimmern der irischen Nation noch brav seinen Dienst und erfüllt Tag für Tag und Nacht für Nacht noch seine Pflicht. Was für ein schönes und begnadetes Seniorendasein haben doch solch ein Schrank und solch ein Bett im Vergleich zu dem Sperrmüllschicksal ihrer Berufskollegen in Deutschland. Es mußte also etwas geschehen; denn wem könnte man wohl einen solch einen Sessel noch zum Sitzen anbieten? Da mir im Moment, außer mir selbst, auch keiner einfiel, war das Urteil über den großen grünen Ohrensessel gesprochen: Ein Polsterer mußte her, und zwar schnell. Grundüberholung mit Sprungfederbehandlung und Beseitigung des bewußten Grünsyndroms durch Stoffwechsel stand an.

Wir machten uns entschlossen auf die Suche nach einem Polsterer. Das ist in Deutschland ein Anruf, in Irland sind das zwei

Wochen voller angestrengter Informationsbeschaffung bei Hillary im Dorfladen, bei Timmy, unserem Polizisten, bei Paddy unserem Caretaker und bei John, dem Postboten. Außerdem trugen wir unser Problem noch allen anderen vor, die wir kannten, und die sowohl im Besitz eines Sessels waren, als auch unser Problem als ein solches erkennen und würdigen konnten, denn davon gab es nicht allzu viele. Die meisten Einheimischen, so hatte ich wenigstens das Gefühl, standen bei der Schilderung des Sachverhaltes auf meiner Seite, waren also für „leave it as it is". Aber das half jetzt nun auch nicht mehr. Ich war ein fairer Verlierer und wärmte das Grundthema nicht noch einmal auf.

Zu all den Schwierigkeiten bei der Info-Beschaffung kam dann auch noch ein Erlebnis, das generelle Zweifel in den handwerklichen Standard der irischen Polsterer aufkommen ließ. Es war der fünfzehnte August, und damit Viehmarkt in Kenmare. Neben uns parkt der uralte Opel eines Farmers mit einem Anhänger voller blökender Schafe. Entweder wollte er die hier verkaufen, oder aber er hatte sie bereits in aller Frühe eingehandelt. Den Schafen war das nicht anzusehen. Wir grüßten den Farmer, wechselten ein paar Worte und meinten beide, daß dies ein „very nice day" sei. Dann ging er zum nahegelegenen Parkplatzrand, der durch einen kleinen Erdwall gebildet wurde. Auf dem Erdwall, wie es sich für Irland gehört, wucherten bereits überall Klee, Blumen und Gras in allen Erscheinungsformen und Grünschattierungen. Wir konnten sehen, daß unser Farmer sehr wählerisch war und offensichtlich nur ganz bestimmte Gräser für seine Schafe suchte. Schließlich hatte er genug davon und kam zum Wagen zurück. Seine ausgesuchten Gräser waren aber allesamt gesetzteren Alters, also im Heuzustand, durch und durch trocken und sicherlich würzig duftend. Wir freuten uns innerlich darüber, daß ein Farmer bei all dem Trubel auf dem Viehmarkt und den zahlreichen Pubs im näheren Umfeld noch Zeit hatte, um an seine Schafe zu denken, und machten uns nur allzu gern daran, unser Bild vom irischen Farmer als solchem nach oben hin zu korrigieren.

Unser Tierfreund mit dem Heubündel unter dem Arm ging aber nun nicht etwa schnurstracks in Richtung Anhänger zu seinen Wolltieren, sondern er öffnete beide hinteren Türen seines Opel A4 und dann begann er, die völlig zerschlissenen Rücksitze durch das aufgerissene Tuch hindurch mit seinem duftenden Schaffutter auszustopfen. Das gleiche tat er mit den Rücklehnen. Der Arm voller Heu war in wenigen Minuten restlos in der Rückbank seines Autos verschwunden, und die hatte dadurch an Volumen und sicherlich auch an Sitzkomfort ganz beträchtlich zugenommen. Wir hatten also, ohne jede Absicht oder Planung, einem irischen Polsterer bei seiner Arbeit zugeschaut. Seine Arbeit war absolut umweltfreundlich, biologisch einwandfrei und energiesparend. Unsere Grünen im Land hätten ihn abgeküßt und in den erweiterten Beirat aufgenommen. Angesichts der bevorstehenden Operation unseres Sessels konnte allerdings bei uns ob dieser bahnbrechenden Neuerung auf dem Gebiet der Polsterkunst keine rechte Freude aufkommen. Wir brauchten eine gewisse Zeit, um das ganze Erlebnis „Viehmarkt mit Polsterung" zu verdrängen und wieder nach einem Polsterer zu suchen, der keinen alten Opel A4 fährt, und der auch kein eigenes Heu macht.

Schließlich fanden wir einen. Es war Larry. Er erfüllte alle Bedingungen und sah auch sonst so aus, als ob er den Kampf mit einer widerspenstigen Sprungfeder und einem blankgesessenen Bezugsstoff aufnehmen könnte. Larry holte unseren Sessel persönlich ab und band ihn mit dicken, blauen Nylonseilen in aufrechter Position auf das Dach seines knallroten Kleinstlieferwagens unbekannter Herkunft. Diese Farbe hatte den großen Vorteil, daß sie dem Rot des überall anwesenden Rostes keine Chance zur Dominanz ließ. Der Wagen war durchweg rot, und zusammen mit dem grünen Sessel und den blauen Halterungsseilen sah er aus wie ein Geschenkpaket, das einem verdienten Jubilar aus der Geschäftsleitung vom Vorstand feierlich überreicht wird. Somit hatte es Larry geschafft, aus einem unscheinbaren Nutzfahrzeug mit Restnutzeneigenschaften ein einzigartiges Modellstück werden zu lassen, fast ein Kunstwerk.

....fast ein Kunstwerk –

Nach gut einer Woche besuchte ich Larry in seiner Werkstatt, um doch mal nach unserem Sessel zu sehen. Ich habe meiner Frau anschließend strickt untersagt, jemals einen Schritt in Larrys sogenannte Werkstatt zu tun. Ich empfahl ihr dagegen ebenso eindringlich, gemeinsam mit mir am nächsten Sonntag auf gar keinen Fall die Messe zu versäumen und das abgegriffene Holzkästchen für die Kollekte reicher als sonst zu bedienen.

Nach drei Wochen kamen dann Larry, der Lieferwagen und unser generalüberholter Sessel tatsächlich bei uns an. Wieder stand der Hauptdarsteller auf dem Dach und festgezurrt mit den blauen Seilen so wie einer, der vor das Stadttor zur Exekution gebracht wird. Aber die hatte er ja, ich hatte es gesehen, bereits hinter sich. Daß es seit Tagesbeginn leicht nieselte, also der bereits beschriebene „nice soft rain" mild und eindringlich von Kerrys Himmel fiel, sei hier nur am Rand und für die Kontinentaleuropäer unter den Lesern erwähnt. Ein irischer Sessel hat ohnehin ein weit härteres und entbehrungsreicheres Leben als seine Kollegen jenseits der Irischen See und der Nordsee. Da macht das bißchen Regen aber auch gar nichts aus. Viele behaupten sogar, das täte dem Holz und auch dem Bezugsstoff gut, und Sessel sind von Natur aus schweigsam. Sich bei Larry darüber zu beschweren, wäre völlig sinnlos gewesen. Larry, der strahlend und voller Stolz vor uns stand, hätte uns gar nicht verstanden. Unser feuchter Heimkehrer sah eigentlich ganz manierlich aus, obwohl er ganz anders geworden war, als wir gedacht hatten. Die kompromißlose Handarbeit allerdings sah man ihm überall an. Ein Label „Made by hand" erübrigte sich. Er hatte, wie sich das für ein Möbelstück und einen Lebensgefährten in rustikaler Umgebung gehört, überall Schwielen an den Nähten und auch ein paar Falten im Sitzkissen-Gesicht. Aber ansonsten: Operation gelungen. Das war weit mehr, als ich je nach meinem Besuch bei Larry erwartet hatte. Deshalb glaube ich auch heute noch felsenfest, daß unsere großzügige Bedienung des Kollektekästchens bei der Morgenmesse ganz entscheidend zum Gelingen dieses schier aussichtslos erscheinenden Werkes beigetragen hat.

Peter der Mechaniker — Aku-bäng-tur für Waschmaschinen

Peter war Holländer, hatte aber das bereits besprochene Verfallsdatum für Kontinentalhandwerker in Irland schon lange überschritten und gehörte damit zu jener Kategorie, vor deren Einsatz im häuslichen Bereich man nur warnen kann. All das, was irische „craftsmen" an Unpünktlichkeit und Unzuverlässigkeit anzubieten haben, das übertreffen sie auf Grund ihres zentraleuropäisch angeborenen Ehrgeizes meist mühelos und gehen dafür nicht einmal am Sonntag morgens zur Messe, um Abbitte zu leisten.

Peter war ein tüchtiger Mechaniker, wenn man nur den richtigen Zeitpunkt erwischte und die richtigen Zahlen eingesetzt hatte beim „Peter-the-mechanic-Lotto". Er war übrigens auch ein guter Elektriker und TV-Geräte- und Antennenspezialist. Das aber eben ganz und gar nicht, wenn er seine Tage hatte, und die hatte er öfter, als einem reparaturbedürftigen Haushaltsgerät und seinem Besitzer lieb war. Da er, wie gesagt, ein guter und auch kreativer Handwerker war, wurde er auch zur Lösung von Problemen gerufen, für die man sonst niemanden finden konnte. Peter kannte diesen Ruf und sonnte sich darin, und wenn er sich sonnte, konnte er nicht arbeiten.

Eine schwierige Aufgabe stand eines Tages auch im Hause von Doktor Rosen an, unserem betagten Musiker und Chorleiter aus Dublin, der hoch oben über Gleesk Pier in seinem kleinen Haus wohnte und meilenweit über den Atlantik in Richtung Amerika sehen konnte. „Next stop New York; forty second street." Der alte, überaus freundliche und angesehene Doktor arbeitete noch jeden Tag in seinem Garten und versuchte, die verwundert dreinschauenden irischen Nachbarn von den Vorteilen der Bio-Möhre und der Bio-Kartoffeln zu überzeugen, was ihm aber auch nach Jahren seiner nie endenden Vorlesungen über dieses Fachgebiet nicht so recht gelang. Für die Iren waren seine individuell gewachsenen und liebevoll umhegten Bioprodukte lediglich kleine, mickrige Miniaturausgaben der wahren irischen Möhre und Kartoffel und selbst als Viehfutter nicht brauchbar, weil sie einfach zu klein waren. Das hat den Doktor zwar geschmerzt, aber aufgegeben hat er nicht. Doch Doktor Rosen war weit über achtzig Jahre alt und gehbehindert. Seine Tochter in Deutschland machte sich natürlich Sorgen darüber, wie er sich denn mitteilen könnte, von diesem so hoch dort oben gelegenen, einsamen Biotop, wenn ihm mal irgend etwas passierte, wenn er gefallen war oder Herzbeschwerden hatte. Da es oben kein Telefon gab, wurde schließlich Peter angerufen, um sich „something like a telephon" auszudenken und zu installieren. Da erwachte in Peter sofort der alte, holländische Tatendrang und Erfindergeist. Seiner großen Landsmänner vergangener Jahrhunderte durchaus ebenbürtig, installierte er einen wind- und wetterfesten Fahnenmast, der von überall in der ein bis zwei Meilen entfernten und spärlichen Nachbarschaft gut zu sehen war und den man vom Bett aus bedienen konnte.

War keine rote Flagge am Mast, dann war alles in Ordnung und man konnte das Heu weiter wenden oder sein Bier trinken. Wehte dagegen die rote Flagge am Mast, dann war Not am Mann und SOS angesagt. Das bedeutete den sofortigen Einsatz der Nachbarschaft, die zu solcherlei erster Hilfeleistung auch gern und jederzeit bereit war. Eine Flaggenvariante hatte sich Dr. Rosen allerdings bei der Festlegung der Regularien noch auserbeten, und das war die Flagge des Kindom of Kerry. Die wurde in ihrer grün-gelb-weißen Farbenpracht aber nur zu herausragenden Ereignissen gezeigt, zum Beispiel, wenn Kerry gegen Cork Football spielte. Gewann Kerry, dann blieb die Flagge eine Woche lang hängen, verlor Kerry, dann wurde sie, flaggentuchschonend und auf bessere Zeiten hoffend, wieder weggepackt.

Für die Nacht hatte Peter die Signalanlage sogar noch um ein rot leuchtendes Rundumlicht erweitert. Die Begleichung der Rechnung für dieses Buschtrommel-Kommunikationssystem auf textiler Basis erfolgte übrigens im Austausch durch Musikunterricht und Notenlehre für Peters Sohn. Der wollte unbedingt Musiker werden; und was gab es besseres für Dr. Rosen, als seinen neuen und lebensverlängernden Fahnenmast durch musikpädagogischen Einsatz abzuarbeiten. Das also war einer der genialen Streiche von Peter, the Dutchman, und gab ihm den willkommenen Grund, um sich erneut für ein paar Tage in seiner handwerksmechanischen Ruhmessonne auszuruhen.

Aber auch in unserem Haus sollte Peter Gelegenheit finden, sich auszuzeichnen und seinen Ruhm zu festigen. Unsere Waschmaschine hatte sich, automatisch, wie sie war, auch automatisch auf Leistungsverweigerung gestellt und hatte sich aus dem Wäschereinigungsgeschäft zurückgezogen. Sie stand mit der letzten Wäsche im Bauch stumm und teilnahmslos in der Ecke der Garage und sagte nicht nur kein einziges Waschmaschinenwörtchen, sondern ließ sich auch bei bestem Zureden nicht öffnen und beharrte darauf, daß der Betrieb jetzt geschlossen sei. Zwei Spezialisten für Waschmaschinen und sogenannte Werksvertretungen von Bosch und Siemens hatten wir bereits angerufen. Der eine wollte uns umgehend einen Prospekt mit den neuesten Modellen zuschicken und bot fünfzehn Prozent Rabatt bei Barzahlung, und der andere hatte leider einen Todesfall in der Familie. Wen nimmt es Wunder, daß Handwerker in Irland kaum mehr Angehörige haben. Aber ohne diese bedingungslose Opferbereitschaft der Familie würde andererseits für Handwerker auch eine der wichtigsten und zugkräftigsten Begründungen wegfallen, weshalb sie jetzt nicht kommen können, oder später kommen müssen, oder überhaupt nicht mehr kommen können. Und das wäre eine Katastrophe für den gesamten Berufsstand.

In unserem wäschebedrohenden Notzustand kamen wir schließlich auch auf die Idee, doch mal Peter anzurufen. Wir hatten ihn zum letzten Mal gesehen bei der Einweihung von Dr. Rosens Fahnenmast und hatten ihm überreichlich Lob gezollt. Er mußte uns also in guter Erinnerung haben. Peter war auch tatsächlich am Telefon, was bereits soviel wie die halbe Miete bedeutete. Er hatte aber ganz offensichtlich und unüberhörbar wieder mal seine Tage, seine „In- Ruhm-sonnen-Tage“ und tat alles, um den Job, der unbestreitbar auch etwas Bewegung und Einsatz von ihm forderte, abzuwimmeln. Da ihm noch nicht die breite Palette der rein irischen Ausreden und Stories zur Verfügung stand, mußte er sich etwas anderes einfallen lassen, um diesen ungeliebten Job zu umgehen. Und das gelang ihm in einer wirklich eindrucksvollen Art. Wir erlebten nämlich die erste Ferndiagnose und Behandlungsanleitung der Welt für die Reparatur einer Siemens-Waschmaschine.

Peter fragte präzise und genau nach der Krankengeschichte, den Symptomen und dem Zustand des Patienten vor dem Kollaps und danach. Der Chefarzt einer chirurgischen Klinik hätte nicht genauer und professioneller fragen können. Nachdem er sich alles angehört hatte, stand für unseren Professor der Waschmaschinenheilkunde die Diagnose offensichtlich fest, und er entschloss sich zum nächsten Schritt der interkommunikativen Kundenberatung. Das war nach der Ferndiagnose jetzt die Fernbehandlungsanweisung für kranke oder auch nur simulierende Waschmaschinenpatienten. Peter sagte zum großen Erstaunen meiner Frau: „Stellen Sie sich das runde Waschmaschinenfenster mal als eine Uhr vor. – Okay?" – „Okay!" – „Und nun stellen Sie sich vor, es ist auf dieser Uhr, hinter der ihre Wäsche liegt, zehn Minuten nach zwei. – Okay?" – „Okay!" Auch hier konnte meine Frau den Anweisungen, die aus dem Uhrmacherbereich stammten, noch problemlos folgen. „Und nun", so Peter, „geben Sie Ihrer Maschine mit der Faust einen kräftigen Bäng auf die Zehn-Minuten-nach-zwei-Stelle."
Mit dieser telefonischen Bäng-Anleitung versehen, begab sich meine Frau in die Garage zu unserer massiven Siemens-Waschmaschinenstanduhr und fixierte die erforderliche zehn nach zwei Position an. Meiner Frau widerstrebt Gewaltanwendung jeglicher Art, aber angesichts des chronometrischen Bullauges, das so heimtückisch und unfair ihre Wäsche abschloß und nicht zur Übergabe bereit war, schritt sie entschlossen zur Tat und führte den Befehl wie ein alter Karatesportler mit der rechten Faust aus. – Bäng! – Der Kontrahent reagierte sofort und öffnete mit einem weinerlichen Quietschen das runde Fenster. Sieg durch technischen K.o.

Damit war der Streik der widerborstigen Waschmaschine beendet, und sie sah jetzt ziemlich alt aus. Aber Mitleid war nicht angebracht nach solch verruchter Tat. Die eingeschlossene Wäsche stand endlich wieder zur freien Verfügung für die Wäscheleine, und meine Frau war glücklich, wenn auch mit einer Hand, die leicht angeschwollen war. Aber ein guter Karatekämpfer muß das abkönnen! Mindestens ebenso glücklich aber war Peter, der an diesem wunderschönen Tag nicht nur wegen einer hysterischen Waschmaschine nicht aus dem Haus mußte, sondern der auch erneut der holländischen Nation Ruhm und Ehre in jenem fernen Inselstaat eingetragen hat, der sich Irland nennt.

Ferndiagnose
Big Bäng
und
Wundersame Heilung.

Jimmy der Elektriker — Über den Einfluß der Frau auf das Elektrogewerbe

Jimmy ins Haus zu rufen wegen der Reparatur einer Steckdose oder des Warmwasserboilers, rangiert in der Schwierigkeitsskala ganz oben. Man sagt allgemein, daß es leichter sei, den Erzbischof für eine Tasse Tee bei sich zu haben, als Jimmy für eine streikende Wasserpumpe. Ein Jahr lang hatten wir es schon vergeblich versucht. Es ging darum, im Gästehaus den Sicherungskasten mit zum Teil lebensgefährlichen Eigenkonstruktionen so weit auf einen besseren Stand zu bringen, daß man nicht mehr Freunde im Haus unterbringen mußte, wo an einigen Stellen und ganz ohne ihre Kenntnis alle Voraussetzungen dafür vorlagen, daß ein kleiner elektrischer Stuhl für den Hausgebrauch seine Tätigkeit aufnahm. Manche sagen zwar, daß so ein Stromschlag auch gut gegen Rheuma sei; aber was nutzt es schon dem Delinquenten, wenn in seinem Nachruf und zum Trost der Trauergemeinde auf diesen wirklich einzigen positiven Aspekt bei dem ganzen Geschehen hingewiesen wird.

Da wir Gäste erwarteten, an deren vorzeitigem Ableben wir keinesfalls mitwirken wollten, riefen wir Jimmy regelmäßig an, um sein reichhaltiges Ausredenrepertoire abzufragen. Beim letzten Anruf war völlig unerwartet sein Bruder aus dem gemeinsamen Geschäft ausgestiegen, so daß Jimmy allein und bruderlos gegen den vor ihm liegenden Auftragsberg ankämpfte. Aber er wollte auf jeden Fall kommen: „Next week, definitely!“ Matt lächelnd legten wir den Hörer auf. Jimmy war ein hochanständiger und ganz feiner Kerl, der voller guten Willens war, aber die Umstände waren halt stets gegen ihn; und wie in der nordischen Sage, webten die Nornen ihr Schicksalsgespinst und wickelten unseren Jimmy darin ein. Wir mochten ihn alle sehr gern, ja, wir litten mit ihm und seinem vergeblichen Kampf gegen überirdische Mächte; und wenn er wirklich einmal kam, war alles vergessen. Zur Zeit sah es aber ganz

und gar nicht danach aus. Es würde also auch über unseren Gästen das vollelektrifizierte Schwert des Damokles schweben.
Doch dann kam alles ganz anders. Die Gäste trafen ein, und Viola, die ausgesprochen hübsche und attraktive, junge Frau unserer Gastfamilie hatte sich angesichts der ungewöhnlich warmen Julisonne und der undurchsichtigen Fuchsienhecke ihrer Oberbekleidung entledigt und genoss den schönen Tag in horizontaler Lage vor dem Gästehaus. Da kam Jimmy. Unangemeldet und auf leisen Sohlen bog er um die Ecke, um die Sicherungen zu reparieren. Zunächst allerdings hatte er einige Mühe, seine eigene Sicherung wieder zu reparieren und funktionsfähig zu machen. Statt eines alten, vergammelten Sicherungskastens lag da plötzlich ein halbnacktes und schönes Mädchen vor ihm im Gras. Darauf war Jimmy aber ganz und gar nicht vorbereitet, und mit so etwas fertig zu werden, gehörte auch überhaupt nicht zu seiner Ausbildung als Elektriker. Also blieb er zunächst einmal fassungslos stehen und "sicherte", wie es in der Jägersprache heißt. Jimmy sicherte so lange, bis Viola die Position wechselte, um auch dem achterlichen Teil ihres Körpers eine Chance zu geben, später daheim von den Angehörigen gebührend bewundert zu werden. Doch diese Drehung um einhundertachtzig Grad hatte noch andere Folgen, als die des gewechselten Platzes an der Sonne. Violas Blick ging jetzt, wenn auch auf unterster Ebene, genau in die Richtung, wo in zwei Metern Entfernung Jimmy stand. Sie sah zwar zunächst nur zwei Schuhe und zwei Hosenbeine, aber sie wußte sofort, daß das, was da vor ihr stand, nicht zu ihrem Mann gehörte. Also tat sie instinktiv das, was alle Frauen in solchen Situationen seit Menschengedenken tun. Sie sprang mit einem melodischen Juchzer hoch, raffte, teils aus Ordnungsliebe, teils aber auch zur Bedeckung der bloßgelegten Körperteile das Badelaken zusammen und trat die Flucht in Richtung Haus an.

Ich kann sie heute noch damit ärgern, wenn ich ihr sage, daß sie sich bei dieser Flucht aber nicht sonderlich beeilt habe. Jimmy wartete brav, bis seiner Meinung nach die Mindestzeit für die Bedeckung all der schönen Dinge an Viola verstrichen war, und betrat dann zögernd mit seinem Werkzeugkoffer in der Hand das Haus, um

Jimmy Sichert —
„You never Know!"

wenigstens dort für mehr Sicherheit zu sorgen. Doch Jimmy blieb nicht lange. Er meinte, er brauche dafür noch ein paar „spare parts", ein paar Ersatzteile und würde „the other day" wiederkommen. Das tat er auch, und zwar von nun an in unregelmäßigen Abständen und stets, ohne vorher Bescheid zu geben und immer nur dann, wenn die Sonne schien.

Es war wirklich rührend, mit welcher Ausdauer und Liebe zum Detail sich Jimmy um unseren alten Sicherungskasten bemühte. Selbst als alles schon mehr als gerichtet war und einwandfrei funktionierte, kam er noch zweimal – natürlich an strahlenden Sonnentagen – vorbei, um zu kontrollieren, ob wirklich alles in Ordnung sei. „You never know", bedeutete er uns mit verantwortungsvollem Blick, „man kann ja nie wissen!" Ja, so zuverlässig und pflichtbewußt können irische Handwerker sein. Man muß halt nur eine Viola bei sich haben und es muß zur gleichen Zeit die Sonne scheinen.

Don der Glaser — Trau keinem Diamanten nicht

Eigentlich hieß Don gar nicht Don, also Donald, sondern Don hieß John. Man hatte sich aber darauf geeinigt, ihn Don zu nennen, und Don John war es recht so. Angesichts der zahlreichen Johns in seinem Umfeld war dies eine Orientierungshilfe für jedermann, auch für Don. Es muß auch gleich am Anfang vermerkt werden, daß Don nicht nur nicht Don hieß, sondern daß er darüber hinaus auch kein richtiger Glaser war, und daß ihm wegen dieses Tatbestandes auf jeden Fall mildernde Umstände zugesprochen werden müssen, wenn es sich um seine zahlreichen Vergehen gegen Glas dreht. Er braucht sie dringend. Don ist Mädchen für alles in O'Brian Corkerys Laden in Kenmare. Das wäre ein rassereiner Gemischtwarenladen, wenn Mr. O'Brian Corkery diesen Gattungsbegriff nicht allzu wörtlich ausgelegt hätte und nicht nur höchst unterschiedliche Warenangebote unter einem Dach beherbergte. Das ist das gute Recht, ja die Pflicht eines Gemischtwarenhändlers. Aber er hatte die Waren auch noch miteinander vermischt.

Das Ergebnis dieser einzigartigen Angebots-Philosophie des O'Brian Corkery war damit ein gemischter Gemischtwarenladen, und das gibt es sonst nirgendwo. Produktpalette, Display, Ladengestaltung und Verkaufstechniken stellten in ihrer Erscheinungsform alles in den Schatten, was sich jemals bemüht hat, ein unvergeßliches Einkaufserlebnis auf dem westlichen Teil unseres Planeten zu bieten.

Es handelt sich bei dem Laden um einen einzigen großen Raum, den die Erfordernisse des Alltags ohne jeden Eingriff eines Verkaufsberaters in zahlreiche, verschieden große Abteilungen haben wachsen lassen, die allesamt aus soziologischen, biologischen oder auch logistischen Gründen ihre volle Berechtigung haben. Dabei fällt besonders das originelle Prinzip ins Auge, mit dem den potentiellen Kunden die Waren feilgeboten werden.

Die Schuhabteilung besteht zum Beispiel aus einem zu einer Pyramide aufgetürmtem Berg aus Damen-, Herren- und Kinderschuhen, alles in einem Lederberg. Die jahrelange Krabbelei der Kunden, um an die gewünschten Schuhe zu kommen, hat alle geschlechterspezifischen und auch größenbedingten Trennungen aufgelöst, und das ganze zu einer schier unüberschaubaren Solidargemeinschaft werden lassen: „Wir sind ein Schuh." Man verspricht nicht zu viel, wenn man den Schuhkauf bei O'Brian Corkery zu einem unüberbietbaren Event erhebt, der allerdings, das muß gesagt werden, auch eine gewisse Intelligenz und Ausdauer von Seiten des Kunden erfordert. Gleich neben der Schuhpyramide befindet sich, wie das Leben nun mal so spielt, die Abteilung Beerdigungsbedarf mit Plastikblumen unter Plastikhauben, gülden erstrahlenden Marienfiguren und reich verzierten Grabkreuzen aller Handels- und Preisklassen. Viele von ihnen sind mit solch appetitlichen Schmuckelementen versehen, daß man sich wie auf dem Christkindlmarkt in Nürnberg fühlt. Leider fehlt zur perfekten Illusion der unerlässlich dazugehörige Lebkuchengeruch. Aber ich bin sicher, daß O'Brian Corkery für alle guten Vorschläge ein offenes Ohr hat.

Als rechte Begrenzung dieser Abteilung „Jenseitsvorbereitendes Zubehör" dient ein Stapel aus schwarzen Müllsäcken. Dahinter beginnt die Abteilung Lebens- und Waschmittel. Die Müllsäcke fallen dadurch auf, daß sie sowohl länger als auch breiter sind als die normalen Plastiksäcke. Außerdem zeigen sie, mit silberner Farbe aufgetragen, zwei große Palmwedel. Erste Zweifel darüber, ob es sich bei diesen Müllsäcken auch wirklich um Müllsäcke handelt, tauchten dadurch auf, daß es zu dieser Zeit noch gar keine so luxuriösen Müllsäcke in Irland gab. Müll wurde nach alterhergebrachter Bauern- und Gutsherrenart beseitigt, so daß man ihn nicht oder kaum mehr sah. Der noch stärkere Zweifel war in den silberglänzenden Palmwedeln begründet, die dem tristen Schwarz des Sackes einen Schuß von Zuversicht und Hoffnung geben sollten, und außerdem war der Sack aus Tuch. So etwas fabriziert man nicht ohne Absicht, und die Absicht war klar. Bei den vermeintlichen Müllsäcken handelte es sich um Beerdigungssäcke, die offensichtlich ein Feind des Sargtischlers Jeremy entwickelt hatte, um ihm ins hölzerne Handwerk zu pfuschen. So weit sollte ein fairer Konkurrenzkampf wirklich nicht gehen. Bei näherem Hinsehen entdeckten wir auch, daß der Sack auf der einen Seite einen großen Reißverschluß hatte. Damit bekam das ganze jetzt einen völlig neuen Aspekt und sah aus, wie der Kleiderbeutel eines Priesters auf Dienstreise. Aber es stand fest, dieser Sack war nicht für die Kleider bestimmt, sondern bestenfalls für das letzte Hemd, das bekanntlich keine Taschen hat, und für seinen Besitzer.

Steigt man über die Palmwedelsäcke mit Reißverschluß hinweg, und das muß man, um in die bereits erwähnte Abteilung Lebens- und Waschmittel zu kommen, sieht man auf einer langen Holztheke friedlich nebeneinander: Blackpudding, eine Art Blutwurst ohne Wurst, Lammchops, Brot, Butter, Milch, Käse, und nur durch die natürliche Geruchsbarriere voneinander getrennt, ein hölzernes Häuschen, das sich wie eine Pagode über den Ladentisch erhebt und auf jeder Etage seine Bewohner durch etwas trübe Glasscheiben hindurch dem draußen schauenden Publikum zeigt. Die Pagoden-Hausgemeinschaft setzt sich im wesentlichen zusammen aus der guten, alten Sunlichtseife im großen Rechteckformat und verführerisch blickenden, weiblichen Filmstars, die sich aber allesamt per Etikett auf einer nicht so reell und ehrlich duftenden Seife, wie Sunlichtseife befinden. Es ist „Lux – die Seife der Filmstars“. Die Glaubwürdigkeit ihrer produktbezogenen Aussage hat es nicht ganz einfach in diesem Ambiente, das Filmstars nur vom Film her kennen. Doch damit ist das Bemühen von O'Brian Corkerys gemischtem Gemischtwarenladen um Reinlichkeit und Hygiene des irischen Volkes noch lange nicht abgeschlossen. Persil hat sich einen sehr guten Platz auf der Theke erkämpft und auch Vim – obwohl umgefallen und liegend – behauptet seine Position und den Anspruch auf Unentbehrlichkeit im Haushalt. Den erhebt neuerdings sogar der Emporkömmling Toilettenpapier, das, wenn auch solide und grobkörnig, dem Land seine Dienste anbietet.

An den Wänden hing überall der harte Kern der „Hardware“-Abteilung: Schaufeln, Sägen, Hacken, Heugabeln mit den langen

Die Angebotsphilosophie
des O'Brian Corkery

Zinken und Mistgabeln mit der kurzen Ausgabe, Spaten für den Normalgebrauch und Spaten zum Torfstechen mit dem eleganten schlanken Spatenblatt. Auf den Regalen darunter standen und lagen Schachteln, denen man ansah, daß sie dort seit Eröffnung des Ladens vor 80 Jahren ihren Dienst taten und nicht gewillt waren, das erworbene Recht auf Heimat an neumodische Metall- oder Kunststoffschalen abzutreten. Auch in ihnen stieß man auf das Prinzip des gemischten Gemischtwarenladens, denn in keiner der Schachteln fand man nur eine einzige der zumeist eisernen Gattungen, also zum Beispiel Nägel. Nein, dem Prinzip folgend waren in dieser Schachtel auch Schrauben und Unterlegscheiben, Wandhaken und Splinte zusammen mit den Nägeln in einer Wohngemeinschaft untergebracht. Das hatte aber auch den großen Vorteil, daß man in jedem Pappkarton weit mehr fand, als das, was man eigentlich kaufen wollte. Unsere heutigen Verkaufsstrategen und Psychologen sollten mal einen Blick in O'Brian Corkerys Allzweckschachteln werfen. Natürlich waren hier keinerlei der Ordnung und Übersicht dienenden Kriterien erkennbar. Hier sortierte das Leben, und wie man allgemein weiß, ist Ordnung zwar das halbe Leben, aber das ganze Leben, das ist Unordnung, und die gab es im Laden zuhauf.

Rundherum und durch den ganzen Raum hindurch zog sich eine Eisenkonstruktion, die wie eine Seilbahn aussah und oben an der Decke befestigt war. Und das war sie eigentlich auch. An ihr konnte man, wo immer man auch im Laden war, das zum Ankauf bestimmte Produkt einhängen und auf die Rundreise schicken. Die aber endete dann ohne jede Ausnahme mit Sicherheit in der Talstation dieser Seilbahn. Diese Talstation bestand aus einem pavillonähnlichen Glaskasten. Hier wurde die freischwebende Ware von einer ältlichen Kassiererin und Kontrolleuse in Empfang genommen, begutachtet, und nach einem Blick in das dicke Preisbuch mit dem vom Kunden zu bezahlenden Betrag versehen. Dann gab sie die Seilbahn wieder frei, und die machte sich auf ihren Rundlaufweg, um den Kunden behilflich zu sein, den Umsatz des Ladens anzukurbeln.

Heute befänden sich in dieser Geschäftszentrale wenigstens zwei Computer mit drei Angestellten, und davor wäre die Schlange der wartenden Kunden. So etwas wie hier bei O'Brian Corkery, sagte ein weitgereister Mann, habe er nur noch einmal im Innern Chinas gesehen, und auch dort arbeitete die Anlage zur größten Zufriedenheit aller.

Hier also war das Reich von Don dem Glaser, der kein Glaser war. Don war ein kleiner und schmächtiger, junger Mann mit einem viel zu großen Kopf voller gelockter, rötlicher Haare. Er hatte etwas Koboldhaftes an sich und war so leise, daß er sich manchmal selbst nicht verstand und man merkte ihn eigentlich immer erst dann, wenn er unmittelbar vor einem stand. Gehört hat man Don nie. Er hatte ein beschauliches Dasein. Das aber brach abrupt ab, als ihn der Chef eines Tages und aus unerfindlichen Gründen zum Gesamtverantwortlichen der Glasabteilung ernannt hatte. Hier sollte Don nach eigenem Ermessen schalten und walten und dem Geschäft zu weiterem Umsatz und Erfolg verhelfen. Nach solch markigen Worten, die ja eigentlich der Stimulans und Motivation eines Mitarbeiters dienen sollen, ließ er Don zu dessen großem Leidwesen allein, allein mit seinen Glasstapeln, seinem Zollstock und dem abgegriffenen Stück Holz, von dem Mister O'Brian Corkery behauptete, daß sich an seinem oberen Ende ein Diamant befände. Der leidgeprüfte Don konnte das nach mehreren Tauglichkeitstests nicht bestätigen. Dennoch blieb ihm nichts weiter übrig. Er mußte dem Schicksal in den Rachen greifen und mit dem kleinen, schwarzen Spitzchen, das da tatsächlich am oberen Ende aus dem Holz lugte, aber bestenfalls ein sehr frühzeitig abgebrochenes Diamantenstudium nachweisen konnte, Hand an das ihm anvertraute Glas legen.

Über den Erfolg dieser Bemühungen gibt der Tatort hinreichend und überzeugend Auskunft. Die eingestapelten, von Don noch nicht deflorierten und also unversehrten Glasplatten an der Wand füllen einen beträchtlichen Raum. Weit größer und unübersehbar war allerdings der riesige Scherbenhaufen drei Meter weiter links, der zweifelsfrei davon kündet, daß Glas zerbrechlich ist, und daß noch kein Meister vom Himmel gefallen ist, insbesondere kein Glasermeister, und schon recht kein Glasermeister namens Don. Don arbeitete jetzt – nach Monaten voller weitaus höherer Mißerfolgszahlen – mit einer Erfolgsquote von eins zu drei. Das heißt also, daß auf einen Glasschnitt, der zur Zufriedenheit des Kunden ausfällt und der das Glas so gut wie unversehrt läßt, drei Versuche kommen, die das Unternehmensziel nicht erreichen, und die dann unter „Schwund" bei der Jahresbilanz verbucht werden müssen.

Hier fragt sich der Kundige in Handel und Verkauf, welches ihm bekannte Unternehmen kann sich einen Schwund von fünfundsiebzig Prozent leisten und dennoch florieren und durchweg zufriedene Kunden und Angestellte haben? Don auf jeden Fall trägt sein Schicksal mit Fassung und geht, im Gegensatz zu seinen Glasscheiben, ungebrochen und mit einem Ansatz von Würde gegenüber dem Unausweichlichen, so wie in der griechischen Tragödie, seiner Tätigkeit als gesamtverantwortlicher Glaser bei O'Brian Corkery nach. „Glück und Glas, wie leicht bricht das" trifft also für Don nur sehr bedingt zu. Sein Glas bricht zwar mit absoluter Zuverlässigkeit, sein Glück hingegen nicht. Als der Besitzer starb, wurde dieser wundersame Erlebnisladen in einen schnöden, langweiligen Supermarkt umgewandelt. Don allerdings langweilt sich nicht. Er arbeitet jetzt dreißig Meter weiter quer über die Straße bei der Konkurrenz. Der Chef dort hat ihn aber aus Gründen der Selbsterhaltung von seiner ungeliebten Tätigkeit als Glaser entbunden.

Brendan der Steinmetz — Du mußt die Sprache der Steine sprechen

Brendan O'Shea wohnt eine halbe Meile von uns entfernt, da wo unsere kleine Straße auf den „Ring of Kerry „ stößt. Brendan hatte den unangefochtenen Ruf, der beste Stone-mason in der ganzen Gegend zu sein, wobei die Bezeichnung Stone-mason nur ganz bedingt etwas mit unserem Maurer zu tun hat. Am besten übersetzt man es mit dem alten, deutschen Wort Steinmetz. Brendan kannte sich so mit Steinen aus, wie andere mit Hölzern oder Blumen. Brendan liebte die Steine, und da sie nie ein Wort sagten, sondern still aus sich heraus schwiegen, hatte Brendan diese wohltuende Eigenschaft von seinen Freunden übernommen. Brendan redete selten oder nie, seine Frau dafür umso mehr, und so glich es sich, die beiden zusammengenommen, wieder aus.

Der Beruf des Stone-mason nimmt in Irland seit altersher einen hohen Rang ein, zwar hinter Doktor und Priester, aber weit vor Maler oder Tischler oder Dachdecker. Um ein guter Stone-mason zu sein, mußte man die verschiedenen Steine nicht nur genau kennen, sondern man mußte auch über ihre individuellen Charaktereigenschaften Bescheid wissen und man mußte so in ihren Steinzügen lesen können, wie beim Menschen in den Gesichtszügen. Brendan konnte das. Er konnte ihr Schweigen verstehen, und wer das konnte, dem folgten auch die härtesten und widerstandsfähigsten Steine aufs Wort. Sie verrieten Brendan gern und freiwillig, wo sie denn am besten zu teilen sind, ohne daß sie zerspringen, und welche Formen und Größen er mit Meißel und kleinem Vorschlaghammer ohne all zu große Mühe aus ihnen herausschlagen kann.

Arbeite niemals gegen die innere Struktur eines Steines und gegen seine Seele. Der Stein wird sich dir verweigern und dich mit unförmigen und unbrauchbaren Gesteinsbrocken bestrafen. Bei Brendan gehorchten die Steine. Sie erwiderten seine herzliche

Liebe und zeigten sich zufrieden und dankbar, wenn er sie dann zu einer Hauswand oder einer Gartenmauer zusammensetzte. Unsere Werbetexter hätten so etwas eine „Mauer von glücklichen Steinen" genannt, und sie hätten damit gar nicht einmal so Unrecht gehabt.

In Irland erkennt man allein an der Verarbeitung der Steine, welcher Stone-mason diese Mauer oder jenes Haus gebaut hat. Betrug oder Falschaussage ist unmöglich. Man hat einen geübten und sehr kritischen Blick dafür, und manch ein großmäuliger und etwas billigerer Anfänger hat sich damit bei den Gesprächen im Pub und vor der Kirchenmauer den Hohn und Spott seiner dörflichen Umgebung eingehandelt. „No good stonework" kommt einem beruflichen Todesurteil gleich. Es bedeutet, daß keiner aus dem Kirchsprengel und dem ganzen Umkreis dem Manne am Stone-mason-Schandpfahl jemals einen Auftrag geben würde, der mit Steinen zu tun hat, und sei er auch noch so klein.

Drinnen im Haus konnte es schon mal ein bißchen einfacher sein, draußen aber, vor der Tür, bei Haus- und Grundstücksmauer, wurden allerhöchste Qualitätsmaßstäbe angelegt. Die Mauer war die Visitenkarte des Hauses und mußte vor Gott und der Welt, vor Großeltern und Urgroßeltern bestehen. Die Beschaffenheit der Mauer ist also für einen Iren nicht nur eine Sache baulicher Notwendigkeit, sondern stets auch eine Sache der Ehre. Schlechte Zähne konnte man haben, das war keine Schande. Eine schlechte Mauer hingegen konnte man sich nicht leisten.

Wir hatten in unserem Haus natürlich auch einen Kamin. Der war vom Vorbesitzer übernommen, und da dies ein Engländer war, hatte auch sein Kamin alle Merkmale, die einen Angehörigen des British Empire vor dem Rest der Welt auszeichneten. Der Kamin war aus rosaroten Keramikfliesen gefertigt, er trug also British Pink, und das wollte in gar keiner Weise zum irischen Schwarzbraun des Torfes und auch nicht zum Buchenholz und zu den gelbroten Flammen passen. Mir schlug sein alltäglicher Anblick so auf den Magen, daß unser Vorrat an Underberg in vier Wochen aufgebraucht war, und das, angesichts der Gewissheit, daß noch zahlreiche Ereignisse auf uns warteten, die einen Underberg dringend von Nöten machten.

Um einer drohenden Überlastung meines Magens und unserer Finanzen zu entgehen, beschlossen wir, den Raum zu „entanglifizieren“ und den „Nichtstein“ des Anstoßes zu entfernen. Wir wollten einen Kamin aus Naturstein, einen, der mit seinen ein wenig melancholischen Grau- und Brauntönen in die Landschaft und zum Buchenholz und zum Torffeuer mit seiner ruhig brennenden Flamme paßte. Wir gingen also eine halbe Meile bis zu unserem Next-next door neighbour und trugen ihm unsere Wünsche vor. Brendan, und mehr noch seine Frau, waren auch sofort bereit, und so erteilten wir denn den Auftrag, das „Minkipinki-Monster“ zu entfernen und es durch eine schlichte Rahmung mit echten und anspruchslosen irischen Natursteinen zu ersetzen.

Vierzehn Tage lang hörten wir nichts und waren schon ein wenig enttäuscht, vollkommen zu Unrecht, wie wir später von seiner Frau erfuhren. Brendan war in diesen zwei Wochen jeden Tag mit seinem Fahrrad unterwegs gewesen, um die richtigen Steine für unseren Kamin zu suchen, „the right stones“. Auch das gehört zur Arbeit eines guten Steinmetzen und ist für ihn genau so wichtig wie für den Kameramann die Motivsuche. Endlich hatte Brendan gefunden, was er suchte: „The right stones.“ Sie stammten aus der Ruine einer alten Kalkbrennerei, die um neuzehnhundert herum und bereits als Ruine steile Kariere machte. Wegen ihrer versteckten und nahezu nicht einsehbaren Lage brannte man dort heimlich Poteen, Irlands eigentliches Nationalgetränk, und wurde nie von den zwei- und vierbeinigen Alkohol-Schnüfflern Ihrer Majestät, der Königin von England erwischt. Es gibt viele im Dorf, die heute noch darauf stolz sind. Mit diesen geschichts- und Whiskeydunst-trächtigen Steinen also machte sich Brendan ans Werk.

Der Kamin wurde wunderschön und er schaute einen an, als warte er nur darauf, dann, wenn es dunkel ist und wenn das Feuer in ihm brennt, alte, irische Geschichten zu erzählen. Wir liebten jeden einzelnen Stein unseres Kamins und hatten ihn von Anfang an in unser Herz geschlossen. Das tat ihm anscheinend wohl, denn er wurde von Tag zu Tag schöner. Seine braunen, grauen und grünen

Farbtöne wurden immer geheimnisvoller und spiegelten immer intensiver die Landschaft wider, die wir so liebten.
Nun begann das Warten auf Brendans Rechnung; auch das eine Sitte, die in Irland weit verbreitet ist und die von der eigenen Erfahrung ausgeht, daß man eigentlich nie genug Geld hat, und daß eine Rechnung, auch wenn sie berechtigt ist und seit langem ansteht, einem den ganzen Tag verderben kann. Manche würden am liebsten ihre Rechnung in einem schwarz umrandeten Trauerbrief versenden. Wir warteten drei Monate und nichts geschah, obwohl wir Brendan mehrmals bei der Messe daran erinnert hatten. Das hatte jeweils zur Folge, daß er verlegen wegschaute und rot anlief. Die Sache war ihm offensichtlich peinlich. Deshalb wandten wir uns an Brendans Frau, wohlwissend, daß Frauen meistens eine innigere Beziehung zum Geld haben als ihre Männer. Wir hatten richtig kalkuliert. Ihr gelang es, Brendans Widerstand gegen solch unschickliche Tätigkeiten, wie Rechnungen zu schreiben, zu brechen, und also stand er denn an einem Freitag abends plötzlich und unvermittelt in der Tür.

Brendan trat mit einem leichten Kopfnicken ein, nahm die Kappe ab, setzte sich und begann dann plötzlich völlig übergangslos loszureden. Er sprach vom Wetter, vom Heu, von den Kühen und von den Kartoffeln, alles Gebiete, auf denen er sich auskannte. Er redete in drei Minuten so viel, wie sonst in drei Wochen. Dann schwieg er ebenso unvermittelt, wie er begonnen hatte. Sein mühsam erlerntes und gespeichertes Reservoir an Gesprächsthemen war leer, der Wortvorrat war aufgebraucht. Brendan saß schweigend und leicht nach vornübergebeugt da, schaute angestrengt an die Zimmerdecke und betete mit seiner Schirmmütze einen Rosenkranz nach dem anderen. Brendan hatte sich für diesen Besuch, der ihm so bevorgestanden hatte, in einen schwarzen Anzug gezwängt, der gut und gern sein Hochzeitsanzug gewesen sein konnte. Nach dem überraschenden Redefluß Brendans war es für eine Weile vollkommen still im Zimmer. Brendan schwieg, wir schwiegen und auch der Kamin sagte kein einziges Wort.

Jetzt war es an uns, Brendan zu erlösen und das große Schweigen zu brechen. Wir taten das mit der Frage, die wir schon am Anfang stellen wollten, zu der wir aber überhaupt nicht gekommen waren, da Brendan ja das Stück bereits wortreich begonnen hatte, noch ehe der Vorhang hochgezogen war: „Brendan, you like a drink?“ Und siehe da, auch diesmal verfehlte die Frage ihre Wirkung nicht und brachte dem erloschenen Gespräch wieder neue Nahrung. Brendan, froh darüber, wieder bei seinem normalen Wortverbrauch angelangt zu sein, antwortete denn auch sogleich und in der knappest möglichen Form: „Yes, sir.“ Nach dem ersten „Paddy“ kam rasch noch ein zweiter, und wir bedankten uns noch einmal herzlich und ausführlich bei Brendan für das gute Stone-work, was er unserem Kamin hatte angedeihen lassen.

Nach einer Stunde steuerte ich langsam aber sicher den eigentlichen Grund seines Kommens an: Die Rechnung. Sobald das Stichwort „Rechnung“ fiel, was Brendan, wie es den Anschein hatte, von sich aus wahrscheinlich nie ins Gespräch gebracht haben würde, zum mindesten nicht an diesem schönen Abend, griff er in die Jackentasche und holte ein doppelt gefaltetes kariertes Din-A4-Blatt hervor, dem man ansah, daß es nach dem Schreiben noch häufig durch menschliche Hände gegangen sein mußte, um es zu begutachten und auf seine Zumutbarkeit hin vor sich und seinem Gewissen zu überprüfen. Auf dem Zettel stand in großen, einzelnen Buchstaben, die sich nicht an die vorgegebene Ordnung durch die kleinen Kästchen hielten: „Work done for Mr. Fechler 120.-- Pound.“ Das war alles.

Brendan aber war nach dieser Übergabe des leidigen Schriftstückes nicht so erleichtert, wie wir es angenommen hatten. Es bedrückte ihn irgend etwas und wir sahen es ihm an, daß er das auch so schnell wie möglich loswerden wollte. Er raffte sich deshalb noch einmal zusammen, nahm einen Vorschuß bei seinem Wortkontingent für die nächsten Tage und stieß hervor: „If it is too much, please pay what you like. – Wenn es zuviel ist, zahlen Sie bitte, was sie möchten.“ So, jetzt war alles heraus, was Brendan bekümmert hatte, und angesichts dessen man die beiden „Paddys“ keinesfalls

„Good stonework" – und was es Kostet.

als Alkohol, sondern ausschließlich als überlebensrettende Medizin werten mußte.
Meine Frau und ich haben beide die nicht immer zur Freude gereichende Fähigkeit, solche eigentlich ganz unscheinbaren Momente in ihrer ganzen Bedeutung und Tragweite zu erfassen, und deshalb wurde uns so warm ums Herz, wie einem armen Kind unterm Weihnachtsbaum, das soeben seine erste Puppe geschenkt bekommen hat. Ja, das Beispiel ist schon richtig. Wir waren die Armen, und Brendan hatte uns durch seine ganz und gar nicht auf Vorteil bedachte und unternehmerisch törichte Aussage so reich gemacht, daß ich schnell nach meinem Whiskeyglas griff, – denn das ist ja auch Flüssigkeit.

Seit dieser Geschichte haben wir unseren Kamin noch lieber gewonnen und Brendan auch. Leider ist Brendan schon drei Jahre später „über den Regenbogen gegangen", der schönste Begriff, den ich bisher auf dieser Welt gehört habe für das, was allgemein als Sterben bezeichnet wird. Wir beten dafür, daß Brendan gut am anderen Ende des Regenbogens angekommen ist, und wir sind überzeugt davon, daß der liebe Gott es zu schätzen weiß, einen irischen Stone-mason aus dem County Kerry im Himmel zu haben. Denn auch im Himmel ist es manchmal kühl, und dann mit einem Gläschen Manna in der Hand vor Brendans handgehauenem Natursteinkamin zu sitzen und sich aufzuwärmen, das muß nach menschlichem Ermessen auch für Engel ein wahrhaft himmlisches Vergnügen sein.

McCarthy the Builder — Gut Tisch will Weile haben

In unserer Ecke im County Kerry sind die O'Sullivans und die McCarthys so zahlreich vertreten, wie in Deutschland die Meyers, Müllers, Schulzes und Krauses. Hier kommt aber noch erschwerend hinzu, daß in vielen dieser Familien nicht nur alle McCarthy heißen, das ginge ja noch, sondern auch, neben dem Vater John noch zwei Söhne ebenfalls auf den Namen John getauft sind. Wie also soll man sich da noch durchfinden? Doch Volkes Einfallsreichtum und Pragmatismus haben da eine tadellos funktionierende Lösung gefunden. Man nennt die Namensgleichen zusätzlich noch mit ihrem Beruf oder Hauptbetätigungsfeld, manchmal auch mit ihrer besonders hervorstechenden Eigenschaft. Damit weiß jedermann, wen er da sucht oder wen der vielen McCarthys er vor sich hat.

Das System wäre sicherlich auch empfehlenswert für unsere Bundesrepublik, um dem leidigen Krause-, Meyer-, Müller & Co.-Dilemma zu entgehen, und der größte Teil unserer betroffenen Mitbürger könnte auch ohne Schwierigkeiten mit solch einem zusätzlichen Untertitel leben. Einige allerdings, ich gebe es zu, hätten dagegen doch Einwände. Doktor Schulze der Pfuscher zum Beispiel; denn wer bei uns einen Pfuscher einen Pfuscher nennt, verletzt damit zum mindesten dessen Intimsphäre, auch oder gerade, wenn er recht hat. Auch Müller der Schwindler, oder Meyer der Mobber und Krause der Säufer würden wahrscheinlich auf Schwierigkeiten stoßen. Zwar wüßte jeder sofort, wer gemeint ist, aber unsere festangestellten Typen- und Datenschützer würden aufheulen vor Empörung. Also, lassen wir das lieber.

In Irland arbeitet dieses System einwandfrei, und es haben sich sogar zwei verschiedene Formen der Personalspezifizierung entwickelt. Bei der einen nennt man nur den Vornamen des Betreffenden, also Jim, John oder James the drinker, und bei der anderen nur den Familiennamen plus Identifizierungstitel. Ein Fall aus der zweiten Kategorie ist McCarthy the Builder. Das hat aber auch zur Folge, daß ich bis heute nicht den Vornamen von ihm kenne, denn den benutzt kein Mensch.

McCarthy the Builder ist groß und kräftig gebaut mit einem gutmütigen, rosigen Gesicht mit klaren blauen Augen, in denen immer ein wenig Wasser vom Atlantik zu stehen scheint. Er wirkt immer ruhig und gelassen und geht mit der Ausgabe von Worten ähnlich sparsam um, wie sein Vetter Brendan the Stone-mason. Auch McCarthy the Builder hat neben seiner Bautätigkeit noch andere Berufe. Er ist Farmer, wie fast jeder im Dorf, Möbeltischler und Stagemanager. Ja, Sie haben richtig gelesen, und auf dem Din A5 großen Theaterprogramm unserer kleinen Spielgruppe in Sneem steht es auch seit vorigem Jahr groß und deutlich. Stagemanager, das ist ein Titel, der eher an die Albert Hall in London denken läßt oder an die Met in New York und, um ehrlich zu sein, das Leistungsangebot unseres Stagemanagers ist durchaus noch ausbaufähig.

Zur Zeit besteht unsere Albert Hall noch aus einer kleinen Vielzweckhalle im dörflichen Community-Center. McCarthy the Builders Aufgabe als Stagemanager ist es, nach jedem Akt des Stückes den zweigeteilten und ein wenig eingerissenen roten Theatervorhang zuzuziehen und ihn bei Beginn des nächsten Aktes wieder nach links und rechts zu entfernen, um die Bühne freizugeben. Sein größter Moment im Gesamtarbeitsablauf ist es, wenn die Schauspieler verschwunden sind und er nunmehr, als Alleinunterhalter, mit dem Rücken zum Auditorium agiert, um die beiden Vorhanghälften aus ihren Ecken heraus in die Mitte der Bühne zu bringen. Es ist eine alte Tradition, daß es Beifall für ihn bei seiner Nummer gibt, und er nimmt ihn dankbar und würdevoll entgegen, wie Sir Alec Guinness nach seinem Mcbeth.

Da vor McCarthys Namen auf dem Theaterprogramm nur J. steht, kann man auch hier seinen richtigen Vornamen nicht entschlüsseln. James, John, Jeremy oder Jacob? Lassen wir es, denn es gibt wichtigeres. Als Builder organisiert er, je nach Auftrag, ein Arbeitsteam aus Maurern, Zimmerleuten, Malern und anderen

Berufen, und befehligt die bunt zusammengewürfelte Truppe, bis der Job getan ist. Dann gehen alle wieder auseinander, bis zum nächsten Mal. Ein deutscher Gewerkschaftsobersekretär würde tot von seinem Hocker, oder besser von seinem velourledernen Managersessel im achten Stock des gewerkschaftseigenen Hochhauses fallen. Aber das ganze läuft hier wunderbar und zur Zufriedenheit aller Beteiligten.

Wie alle im Handwerk tätigen Landeskinder hat auch McCarthy the Builder erhebliche Schwierigkeiten im Kampf mit den Terminen und deren wenigstens ungefährer Einhaltung. Nicht etwa, weil er das nicht wollte, oh nein, ganz und gar nicht; aber dieses Wort „Termineinhaltung“ ist in Irland weitestgehend ein Fremdwort, man weiß nichts damit anzufangen. Natürlich gibt es Termine, aber die sagt man eher so hin wie „How do you do“ oder „See you later“. Keiner denkt sich etwas dabei. Termine sind lediglich aus Gründen der Höflichkeit geborene, grobe Orientierungsangaben, die jeglichen Spielraum nach hinten zulassen, ohne daß man darüber ein Wort verliert oder gar ein Schuldgefühl empfindet. Die Einzigen, die sich immer wieder hysterisch anstellen, und die einem alten irischen Handwerker auf die Nerven gehen mit ihren permanenten Anrufen wegen der – wie heißt es doch gleich? – Ach ja: – „Termineinhaltung“ – das sind die Fremden, „the Germans and the Dutch!“

Diesmal brauchten wir McCarthy in seiner Eigenschaft als Möbeltischler, denn wir benötigten dringend einen großen Tisch für die Eßecke in der Küche, natürlich aus schönem Holz gearbeitet und solide gefertigt. Die genauen Maße hatten wir ordentlich auf Millimeterpapier vorgegeben und auch die schlichte Form aufgezeichnet. Wir taten dies auch, weil bei einem Bekannten im Jahr davor nach langer Wartezeit ein Tisch angeliefert wurde, der weder durch die Tür noch durch die Fenster seines kleinen, idyllischen Cottages paßte. Die Bretter hatten eine so schöne Maserung, und da hatte es unser Tischler nicht übers Herz gebracht, sie so zu kürzen, daß der Tisch durch die Tür paßte. Die Tischplatte war zu groß oder die Tür zu klein, wie man es auch nimmt. Der Klügere gab schließlich nach, und das ist in solch einem Streitfall naturgemäß immer der Tisch. Er kam zurück in die Werkstatt, wurde wieder auseinander genommen und in Tischplatte, Rahmen und Beine zerlegt. Diese handlichen Einzelteile paßten dann ja auch durch die kleine Tür und wurden drinnen im Haus wieder zu einer Tischeinheit zusammengefügt.

So etwas wollten wir bei unserem Tisch tunlichst vermeiden. Doch was nützt der beste und genaueste Bauplan, wenn McCarthy der Builder ihn nicht „buildet"? Der Tisch kam und kam nicht. Dann kriegten wir Besuch. Andrew Mc. Neill, ein alter, guter Freund von uns, der auf Oronsay, einer kleinen Insel der inneren Hebriden in Nordschottland Schafe züchtete. Wir hatten ihn auf seiner Insel besucht, und jetzt kam er ein zweites Mal zu uns nach Irland, um einem befreundeten Schaf-Farmer in den Bergen vor Killarney einen seiner Sheep-dogs zu bringen.

Andrew bewirtschaftete allein mit der Hilfe seiner Frau Flora die ganze, ziemlich große und zerklüftete Insel. Die beiden hatten mehr als fünfhundert Schafe und sechzehn Kühe zu versorgen, eine Arbeit, die ohne Hilfe der vier Sheep-dogs unmöglich gewesen wäre. Wer jemals solche trainierten Sheep-dogs bei ihrer Arbeit gesehen hat, der kommt aus dem Staunen nicht mehr heraus. Da steht unser Freund Andrew ein wenig erhöht auf einem Felsbrocken und leitet allein dadurch, daß er laut und schrill klingende Signale durch die Finger pfeift, die Sheep-dogs an, ihm zum Beispiel aus der ganzen, weit verstreuten Herde nur die Muttertiere mit ihren Lämmern in ein umzäuntes Gehege zu treiben. In wenigen Minuten schaffen diese Hunde eine Arbeit, die jeder Nichtkundige für absolut unmöglich gehalten hätte. Solch einen, von Andrew selbst ausgebildeten Sheep-dog brachte er diesmal für Arthur O'Connor mit. Das war ein hochherziges und auch großzügiges Geschenk, denn ein gut trainierter Sheep-dog kostet gut und gerne zweitausend Pfund Sterling auf dem Markt, also nach heutigem Geld etwa dreitausend Euro. Aber Andrew mochte seinen neuen Freund und wollte ihm helfen, und da spielte bei Andrew Geld überhaupt keine Rolle.

Aber Andrew hatte diesmal noch etwas mitgebracht, was ihm allerorts im County Kerry Bewunderung eintrug, und das war seine Bagpipe, sein Dudelsack. Jetzt weiß ich auch definitiv und als authentischer Ohrenzeuge, daß der Dudelsack ein reines Outdoor-Instrument ist, und alle Nachbarn und Anwohner im Umkreis von drei Meilen wußten ebenso definitiv, daß wir einen Freund im Haus haben, der den Dudelsack bläst. Das war hoch willkommen und stieß auf uneingeschränkte Begeisterung. Ihn, Andrew, wollten wir als schottischen Sympathieträger und gewissermaßen als Geheimwaffe einsetzen, um McCarthy the Builder zum Tischbau zu veranlassen. Der war hoch erfreut, als wir mit Andrew bei ihm auftauchten, denn er hatte schon von Andrew gehört, teils durch die Berichte der Nachbarn, teils aber auch durch eigenohrige Kenntnisnahme im Direktkontakt mit dem Klang von Andrews Backpipe. Also drehte sich unser Gespräch vorwiegend um den Dudelsack und um Schafe. Und was nun den eigentlichen Grund unseres Kommens angeht, unseren längst überfälligen Tisch: „Next week, definitely next week."

Anschließend, auf dem Weg nach Hause, hatten wir mitten in den Macgillycuddy Reeks, die bis zu dreitausendvierhundert Fuß aufsteigen, noch eines jener wundersamen Erlebnisse, bei denen man immer zweifelt, ob das, was man sieht, auch Wirklichkeit ist, oder ob die allzeit zu Unfug aufgelegten Kobolde der grünen Insel einem wieder einmal etwas vorgaukeln. Ich fuhr, und Andrew schaute sich die schöne Gegend rund um die Killarney Lakes an. Plötzlich bat er mich anzuhalten, und deutete auf einen großen Stein inmitten einer Wiese mit Schafen und knappe zwanzig Meter von der Straße entfernt. Dort saß auf dem Stein ein schwarzer Hund, kleiner als ein Schäferhund, und schaute sich offensichtlich interessiert an, was da um ihn herum vorging. Und da ging etwas vor, was für uns alle, die es gesehen hatten, wirklich einmalig war. Ein Mann, also offensichtlich der Farmer, rannte mit wehendem Hemd, das ihm aus der Hose hing, und schwerfüßig, denn er trug schwarze Gummistiefel, um seine Schafe herum, die allesamt eine blaue Markierung auf dem Rücken trugen. Er schwang dazu seinen derben Stock und rief dabei mit zwar lauter, aber doch immer japsiger werdender Stimme: „Cho on – cho on!" Aus Erfahrung wußte ich, daß dies eigentlich „Go on – go on" heißen sollte.

Für Andrew sofort, und wenig später auch für uns, gab es nur eine einzige Erklärung für diesen mythisch und spirituell anmutenden Tanz des Farmers um seine Schafe herum mit einem einzigen Hund im Auditorium. Der Farmer versuchte, seinem Hund durch sein eigenes Beispiel klarzumachen, wie in etwa man es anstellen mußte, um auseinander rennende Schafe einzukreisen und beisammenzuhalten. Daß der Farmer mit gutem Beispiel voranging, zeugte von einer edlen Gesinnung gegenüber der Schöpfung. Sein Hund indes zeigte sich von dieser guten Tat völlig unbeeindruckt und mußte sogar einmal herzhaft gähnen. Des Farmers selbstloser Einsatz, um seinem Hund eine bessere Ausbildung zukommen zu lassen, als sie all die Hunde um ihn herum hatten, weckte zwar großes Mitgefühl in uns, konnte aber doch nicht verhindern, daß wir, ungehört vom schwitzenden und schweratmenden Lehrgangsleiter, laut loslachten. Wir hegten beide größte Zweifel, ob seine Methode „How to teach your dog" jemals von Erfolg gekrönt sein würde, bevor er einen Herzanfall bekam.

Wie zu erwarten war: Die „definitely next week" verstrich, so wie alle anderen Wochen vor ihr auch, erfolg- und tischlos. Also hatte auch Andrews Einsatz, außer gegenseitiger Sympathiebezeugungen keine sichtbaren Ergebnisse gezeitigt. Jetzt nahm meine Frau die Sache in die Hand, und da wußte ich, daß McCarthy dem Builder schwere Zeiten bevorstanden, aber es war zu spät, ich konnte ihm nicht mehr helfen. Meine Frau lud Frau McCarthy zum Tee ein. Frau McCarthy war eine höchst sympathische Person und im Dorf als Lehrerin tätig. Sie kam nur allzu gern, denn erstens war sie wissensdurstig, und da konnte man doch sicherlich ein bißchen mehr und anderes hören als bei ihrer Nachbarin Mary, und zweitens war sie auch – wie jede richtige Frau – neugierig und wollte doch nur allzu gern einmal erfahren, wie die netten Deutschen denn so eingerichtet sind.

Bei einer Tasse Tee plauderten also die beiden Damen über die schier unendliche Zahl von Themen, die der Schöpfer anscheinend exklusiv für Frauen reserviert hat, um dem Mann eine kleine Entschädigung dafür zukommen zu lassen, daß er sich bei der Erschaffung der Frau und wahrscheinlich aus Materialmangel der männlichen Rippensubstanz bedient hatte. Eine Rippe her, und dafür reden die Frauen ununterbrochen beim Tee und geben dir dafür die Zeit, um in deinem Pub zu schweigen. Fair deal? – Fair deal! Unausweichlich kommt man bei solchen Tea-for-two-Damengesprächen auch auf die Familie zu sprechen und dann müssen natürlich Fotos her. Meine Frau hatte mehr als genug davon. Da sah dann also Frau McCarthy, die übrigens mit Vornamen Bridie hieß, unsere Tochter Katrin in Miami und unsere Wohnung in Hamburg, und die großen Schiffe, die in den Hafen fahren, und unseren Hund, den Boxer „Boris" und den Besuch von Freunden aus unserem irischen Dorf.

Dann kamen ein paar Fotos aus Irland, und darunter auch eines, das uns auf einer Party bei Francis zeigte, einem Richter aus Dublin. Francis hatte zahlreiche Bekannte in Politik, Wirtschaft und Society und führte ein höchst gast- und partyfreundliches Haus. Es waren immer zugleich auch „Who-is-who-Parties". Durch Zufall – oder auch nicht – angelte meine Frau dabei auch ein Bild heraus, das uns beide zusammen mit Father O'Flaherty, unserem Priester und dessen Vorgesetzten zeigte. Beide waren in ihrer imponierenden Amtsrobe erschienen, und wir beiden Zivilisten konnten nur davon profitieren. Bridie McCarthy war sichtlich davon beeindruckt. Dann fuhr meine Frau mit ihrer „Blackmailing-soft-Methode", also mit der Technik der sanften Erpressung fort und erwähnte nahezu beiläufig, daß die beiden in einer Woche auch zu uns eingeladen wären, um hier ein paar Freunde und Bekannte zu treffen. Leider, und das in einem kaum hörbaren Nebensatz, fehle ihr immer noch der richtige Tisch für solch eine Party. „You know, Bridie?"

Bridie wußte sofort – und wie! Dieses Einbezogensein in unsere Intimsphäre und umgeben von den Herren der höheren Geistlichkeit wirkte wie eine Bombe. Aber nicht wie eine Bombe, die sofort explodierte, sondern wie eine der raffinierteren mit Zeitzünder. Was Bridie an jenem Abend zu ihrem angetrauten Gemahl gesagt hat, das wissen wir nicht. Wir wissen aber, daß unser Tisch drei Tage

How to teach your dog

später in den richtigen Maßen und mit einer wunderbar gemaserten Tischplatte dort in unserem Haus stand, wo er schon seit langem so sehnlich erwartet wurde.

Der Tisch war, aus der Vogelperspektive gesehen, ein Prachtstück und ohne Fehl und Tadel. Von der Seite her gesehen wies er allerdings einen kleinen Schönheitsfehler auf: Seine vier Beine bestanden, im Gegensatz zu der Platte, die auf ihnen ruhte, aus vier einfachen Kanthölzern, die an Anspruchslosigkeit nicht zu überbieten waren. Zwar waren sie gehobelt und gebeizt und sehr, sehr massiv, aber es waren eben Vierkanthölzer ohne jede Anlage für eine gehobene Schicht von Tischbein. So wörtlich hatten wir die von uns angemahnte „Schlichtheit" beim Bau des Tisches nun auch wieder nicht gemeint. Doch nach der langen Leidenszeit wollten wir nun endlich ein Ende der Affäre Tisch. Also beschlossen wir, zufrieden und glücklich zu sein. Schwamm drüber! Oder besser: Tischdecke drüber, und zwar die größte, die wir auftreiben konnten. So, wie man Mädchen mit nicht ganz so gelungenen Beinen anraten sollte, statt eines Minirockes lieber ein etwas längeres Stück Tuch zu tragen, so verfuhren wir auch mit unserem Tisch mit seinen Vierkantbeinen. Er bekam ab sofort Minidecken-Verbot und trug stattdessen eine Tischdecke, die ihm bis an die Knöchel reichte und somit nicht vorhandene Waden und Oberschenkel seiner Konstruktion für jedermanns Augen gnädig verhüllte.

Der Nachteil dieser Betuchungsanordnung für unseren Tisch: Man sah jetzt seine schöne Edelholzplatte nicht mehr. Auch dieses Problem erledigten wir kosten- und zeitsparend im Kopf. Wir rationalisierten das Ganze und waren uns schließlich einig, daß man eine so schöne Tischplatte sowieso hätte schützen müssen vor Rotweinresten, Flecken von Glasrändern und was man sich sonst noch an Schrecklichkeiten über die Sensibilität von Edelholz-Tischplatten erzählt. So bei Licht gesehen, waren wir also mit unseren vierkantigen, groben Gesellen von McCarthy the Builder gut bedient worden. Halfen sie doch ganz entscheidend, die makellose Schönheit der ihnen anvertrauten Tischplatte auch noch für die nachfolgenden Generationen zu erhalten.

Ton ab – Kamera – Action! — Von einem, der auszog, einen Film zu drehen ... in Irland

„Ton ab – Kamera – Action!", sind beim Film die Kommandos, die unmittelbar nach dem Abläuten erklingen, wenn alles mucksmäuschen still geworden ist, und jedermann weiß, daß es jetzt nach endlosen Vorbereitungen und Proben ernst wird mit der Komödie, der Tragödie oder dem Werbefilm für Klopapier. Für mich, der ich aus dieser Branche komme, klingt dieses „Ton ab – Kamera" immer noch ein bißchen wie „Attacke" auf preußisch oder „Auf geht's" auf bayrisch. Wie alles in diesem Buch ist auch diese Geschichte nicht erfunden, sondern erlebt und tatsächlich so passiert.

Ein guter, alter Freund von uns ist Produzent und Regisseur und verdient sein Brot damit, daß er für Industrie und Wirtschaft Werbefilme oder TV-Spots dreht. Um der Wahrheit die Ehre zu geben, verdient unser Freund mit dieser Tätigkeit nicht nur das erwähnte Brot, sondern auch die zum Brot gehörende eine oder andere Flasche Bordeaux oder Chablis. Zur Rettung seiner Ehre und der Wahrheit verpflichtet fühle ich mich aufgerufen, dies gleich am Anfang unmissverständlich klar zu machen: „Zum Wohle, Rasmus, und santé."

Jetzt stand der Auftrag zum Dreh eines Kinofilms für die jugenderhaltende Seife „Irischer Frühling" ins Haus, und natürlich drehte Rasmus diesen Film nicht in Schleswig-Holstein oder in Castrop-Rauxel, sondern eben, wie die Seife schon sagt, in Irland. So weit kann Wahrheit in der Werbung gehen.

Eine der wichtigsten und schwierigsten Aufgaben bei der Realisierung des vom Kunden gekauften Drehbuches und Story-boardes ist die Locationsuche, also die Suche nach den richtigen Drehorten. Die sollten der Beschreibung im Drehbuch wenigstens so weit ähneln, daß der mitgereiste Produktmanager des Kunden nicht schon am ersten Tag sein von der Verantwortungslast gezeichnetes und für Sorgenfalten wie geschaffenes Gesicht in dieselben legt, und damit den Drehfluß so behindert, daß dem Team nur die Zuflucht zum alles tröstenden irischen Lebenswasser mit acht Buchstaben bleibt, zum Guinness. Also bat mich Rasmus, drehvorbereitend doch schon mal auf die Suche nach einem der wichtigsten Drehorte für „Irischen Frühling" zu gehen und nach einer alten, aus rohen Feldsteinen gebauten, einsam gelegenen Brücke zu suchen. Außer ihrer steinernen Antikqualität sollte sie noch, wenn's geht, über reichlich Efeu drum herum verfügen, und in ihrer Nähe ganz generell eine Flora aufweisen, die sowohl den Eindruck von Romantik, als auch Frische steigert. Auch das kleine Flüßchen sollte sich natürlich drehbuchgerecht verhalten, makellos irisch anzusehen sein und vor Frische und Idylle nur so glitzern und plätschern. So etwas ist schon nicht ganz einfach zu schreiben, es zu finden ist nahezu aussichtslos. Doch wir schafften es tatsächlich und nur mit geringen Abweichungen vom literarischen Vorbild. Eine Brücke mit Flüsschen und Flora die so romantisch dastand, als wäre sie extra für die Umsatzsteigerung von „Irischer Frühling" geschaffen worden.

Der Farmer, dem das Land rings um die Brücke herum gehörte, hieß Patrick. Er war hocherfreut und geehrt, als er erfuhr, daß diese alte und baufällige Brücke und seine Felder tragende Rollen in unserem Film spielen sollten. Ich glaube allerdings bis heute, daß Patrick vor lauter Aufregung gar nicht so recht mitbekam, worum es sich eigentlich bei diesem Film handelt. Meiner Meinung nach dachte er mehr in Richtung „Vom Winde verweht" und bereitete sich also auf Großes vor. Er, Patrick, wollte auf jeden Fall dieser Herausforderung gewachsen sein. Als wir acht Tage vor Drehbeginn noch einmal bei Patrick auftauchten, begrüßte er uns hocherfreut und sagte dann voller Stolz etwas, das mich ins Mark traf. Patrick sagte: „I cleaned the place a bit. – Ich habe den Platz ein wenig aufgeräumt."

Meine Befürchtungen wurden durch den Anblick der Realität bei weitem überboten. Patrick hatte uns zu Liebe aufgeräumt und Ordnung geschafft, etwas, was er sonst nie und nirgends tat; aber er wußte ja schließlich, daß Sauberkeit und Ordnung bei den Deutschen aus unerfindlichen Gründen hoch im Kurs stehen. Also hatte er zu Sense und Säge gegriffen und alles entsorgt, was auch nur im entferntesten Gefühle der Romantik oder der Idylle am Flüßchen aufkommen ließ. Selbst die wuchernden Efeuranken, die ja eine wichtige Rolle bei der Kommunikation von Frische und Natur spielen sollten, hatte er radikal entfernt, so daß die schöne, alte Brücke jetzt dastand, als sei sie soeben beim Friseur gewesen, und dort hätte sie der Lehrjunge bedient. Auch die Steine der Brücke sahen völlig anders aus und der Verdacht lag nahe, daß Patrick sie in seinem Eifer abgewaschen, wenn nicht anschließend noch gebohnert hat. Es war ein trostloses und trauriges Bild, und eigentlich hätte man weinen müssen. Das hätte jedoch im totalen Kontrast zu Patricks ausgelassener Fröhlichkeit gestanden. Immer wieder erklärte er, wie er den mächtigen Efeustrauch entfernt hatte und welche Mühe es war, all das hohe Gras mit den blühenden Blumen zu mähen. Unsere Freude darüber hielt sich in ganz engen Grenzen, und das machte Patrick doch ein wenig stutzig. Er hätte eigentlich mehr von uns erwartet. „Na ja, die Germans lassen auch nach.“ Er war so enttäuscht, daß wir es nicht übers Herz brachten, ihm die volle Wahrheit zu sagen, sondern murmelten etwas von „Änderung im Drehbuch, usw.“, und verabschiedeten uns von ihm mit einem guten Trinkgeld, das er zwar nahm, das ihn aber nicht sonderlich glücklich machte. Insgeheim hatte er sich und seine Brücke ja schon im Vorspann eines Kinofilms der UFA gesehen. Aber daraus wurde nun wohl nichts. Schade!

Dann kam Rasmus mit seiner Filmcrew aus Deutschland. Richtiger müßte man sagen: Er hielt Einzug, und zwar im Hotel „Glenbeigh“ am Caragh Lake im County Kerry. Was für ein Aufwand: Lichtwagen, Kamerawagen, Darsteller-Transporter, insgesamt sieben Fahrzeuge und ein vierundzwanzigköpfiges Team. Auf Grund des heimtückischen Linksverkehrs hatten einige Autos auch schon ihre Beule weg, made in Ireland, und immer auf der linken Seite. Aber man ist fröhlich und abends wird getanzt und gesungen, wobei jeder singen muß, egal ob er es kann oder nicht. Und später am Abend kommt dann auch noch der Priester von Glenbeigh, Father Mahoney, und spielt auf seiner Gitarre, wobei er nicht vergißt, auch ein wachsames Auge auf seine Schäfchen zu haben, besonders auf die weiblichen; und das war nicht immer ganz einfach.

John-John ist der eifrigste Tänzer. Er muß morgens früh als erster raus, um mit seinem aus lauter Ersatzteilen zusammengebauten Kleinlieferwagen frische Wiesenblumen zu suchen, die man später dann dort in den Boden steckt, wo gedreht wird, und wo der Irische Frühling erblühen soll. John-John heißt deshalb John-John, weil sein Vater John heißt und er, John-John damit als Sohn von John gekennzeichnet ist. Alles klar? – Thank you. Rasmus erhielt das Zimmer Nummer neunzehn, und es sollte für zehn Tage sein, denn man hatte gehört, daß es in Irland auch einmal regnen könne. Als er beim Einchecken nach dem Zimmerschlüssel fragte, beschied ihm das hübsche Mädchen an der Rezeption, daß das Zimmer offen sei, also keinen Schlüssel habe. Merkwürdig. – Merkwürdig allerdings nur so lange, bis Rasmus zum ersten Male mit Patricia getanzt hatte. „Wozu brauchst du einen Zimmerschlüssel?" sprachen ihre Augen, „ich klopfe schon an, wenn ich rein will." Doch zurück zum Dreh, denn nicht immer sitzt ein Filmteam im Hotel oder Pub herum und benimmt sich so, wie „La Boheme" es von ihm verlangt. Im Gegenteil: Die Arbeit beim Film ist härteste Knochenarbeit und nichts für Absolventen eines staatlich geförderten Selbstverwirklichungs-Etablissements auf der Suche nach dem Bundesfilmpreis.

Die Ersatzbrücke war bei weitem nicht so romantisch und drehbuchgerecht wie die erste, aber immer noch romantisch genug, um positiven Einfluß auf das Kaufverhalten der deutschen Seifen-, Jugend-, und Schönheitssuchenden auszuüben. Der Produktmanager jedenfalls machte keine Einwände, was sicherlich auch auf die nunmehr dritte lange Nacht bei Guinness und Whiskeys mit dem „E" vor dem „Y" im kleinen Hotel Glenbeigh am Caragh Lake zurückzuführen war.

Als Romantik steigernden Efeuersatz bot Rasmus einen kurzen Zwischenschnitt auf einen zufrieden irisches Gras fressenden Esel an. Das hielt der vollkommen übermüdete Produktmanager für eine ganz ausgezeichnete Idee, denn wo hat man so etwas schon mal in einem Werbefilm gesehen. Wir bekräftigten seine Einstellung, denn ein Esel sei doch irgendwie auch etwas sehr, sehr Irisches. Anschließend machte das Wort vom „Irischen Frühlingsesel" die Runde, aber nur leise und außer Hörweite des Produktmanagers.

Bei der Eselssuche ging es dann zu wie im richtigen Leben. Sah man sonst vor lauter Eseln den Farmer kaum, so stieß unser Produktionsleiter jetzt überall auf Farmer, die entweder keinen Esel hatten oder keinen mehr hatten. Beides war wenig hilfreich. Aber in Killorglin da sei heute Viehmarkt, und da würde man mit Sicherheit auch genügend Esel finden.

Der Aufnahmeleiter trabte also zwecks Eseleintreibung ab in Richtung Killorglin, und tatsächlich fand er dort schon bald ein bildhübsches Tier direkt auf dem Marktplatz. Der Besitzer des Esels war nicht zu sehen, aber der grobe Strick, den er um den Hals trug, führte geradewegs über den Bürgersteig durch die offenstehende Tür in den „White Horse"-Pub. Dort am Tresen endete der Strick in der linken Hand eines älteren Farmers. Die rechte Hand brauchte er dringend, um damit seinen Pint vor dem Gedränge an der Theke zu schützen und ihn zu betätigen. Der gute Mann hörte etwas schwer und nahm an, daß er gemeinsam mit seinem Esel im Fernsehen auftreten sollte, wo ihn doch jedermann hier in Killorglin und Umgebung kannte. „ No, Sir, no television, no television!" Als ihm der Aufnahmeleiter klar gemacht hatte, daß er nur einen Esel brauche, und zwar den am anderen Endes des Strickes, wurden die beiden schnell handelseinig. Der Esel hat sich dann übrigens bei den Drehaufnahmen ganz hervorragend bewährt und den männlichen Hauptdarsteller mühelos an die Wand gespielt. Die Gunst der anwesenden Damen hatte sich ohnehin schon längst zum Vorteil des Esels verschoben. Es waren also herbe Rückschläge, die unser Rudolfo Valentino für Seifenzwecke einstecken mußte, denn er war ausgesprochen eitel.

Am nächsten Tag mußte dann ein dringender Großbrief nach Deutschland geschickt werden, zum Kopierwerk nach Hamburg. Ich wollte das besorgen und fuhr zum nächsten Postamt nach Sneem, einem zauberhaften Dorf, das wegen seiner buntbemalten Häuschen, mit Geranien, Fuchsien, Begonien und blauwuchernder

Männertreu an den Fenstern und Türen, den „Tidy Village Award" gewonnen hatte, die Auszeichnung für Irlands schönstes und sauberstes Dorf. Im Dorfladen mußte ich noch Milch, Brot und Obst einkaufen und dabei erkundigte ich mich auch nach dem Postamt. „The red house over there", gab mir die freundliche Verkäuferin zur Antwort, „dort drüben in dem roten Haus." Ich trat auf die Straße und schaute nach dem „red house" aus. Ich sah aber kein rotes Haus. Ich sah ein blaues Haus, zwei grüne, zwei gelbe und ein braunes Haus. Also zurück in den Laden. Jetzt kam die Verkäuferin selbst mit vor die Tür und zeigte auf das blaue Haus. „Danke schön", sagte ich erstaunt, „aber Sie haben mir ja gesagt, es sei ein rotes Haus." „Oh, does'nt matter, – das macht nichts. Es war immer ein rotes Haus, aber im vorletzten Jahr haben sie es blau gestrichen. Wir nennen es aber immer noch das rote Haus, you know what I mean?" Ja, ich hatte verstanden. Einmal rotes Haus, immer rotes Haus, da kann man noch soviel Blau darüber pinseln. Ich begab mich zum „red house", das ein blaues war und wollte dort mein Glück mit dem Großbrief versuchen.

Das Glück hatte aber geschlossen. Es war Mittagspause, und die halten die irischen Postbeamten genau so strickt und gnadenlos ein wie ihre deutschen Kollegen. Lediglich eine abgegriffene Messingplatte hatte nicht geschlossen und gab den Weg ins Innere des postamtlichen Raumes frei. Das aber nutzte mir wenig, denn ich brauchte ja Briefmarken. Ich schaute angestrengt durch den Schlitz und konnte auch ein Stück des verwaisten Schalters einsehen. Ja, ich konnte sogar ein wenig der uns allen so vertrauten muffigen Amtsstuben- und Behördenluft schnuppern, aber mehr nicht. Ich war draußen und das Postamt mit all seinen Briefmarken und Stempeln war drinnen, unerreichbar drinnen. Also ging ich noch einmal zurück zu meiner Verkäuferin. Die erkannte das Problem sofort, ließ die Kundschaft vor der Ladenkasse warten und griff zum Telefon: „Hallo, Mary, Geraldine speaking." Und dann erklärte sie der eingeschlossenen Postbeamtin vom Leben da draußen vor ihrem Briefkasten und von dem dringenden Brief, der nach Germany mußte. „You know, film-people. – Yes, they shoot a film here."

Es hatte sich also herumgesprochen. Es folgten noch ein paar private Informationen zwischen den beiden Damen, denn so schnell legt man auch als irische Frau den einmal ergriffenen Telefonhörer nicht wieder aus der Hand. Es kamen noch zwei längere Pausen, die jeweils vom sichtbaren Gesprächsteilnehmer, also von meiner Verkäuferin, mit fröhlichem Gekicher beantwortet wurden. Und danach dann der Bericht zur Lage: „Please go over again and wait in front of the letter-box. – Bitte gehen Sie noch einmal hinüber und warten Sie dort vor dem Briefkasten.“ Ich folgte gehorsam ihrer Anweisung und postierte mich mit meinem Brief vor der Messingklappe. Den Brief hatte ich jetzt unter meine Jacke genommen, denn es kam mal wieder das von oben, was besonders Filmleuten ein Tropfen im Auge ist, weil es den Dreh verteuert und schlechte Laune erzeugt: Regen. Dann plötzlich wurde die Messingklappe von innen geöffnet und eine schmale Frauenhand mit einem Stück grauseidener Bluse dahinter zwängte sich durch den Schlitz. Ich schaltete blitzschnell und übergab der Hand zuerst eine Fünf-Pfund-Note und dann den Brief. Die Klappe schloß sich wieder und ließ mich draußen im Regen stehen. Aber der Brief war drinnen, und dort hatte er es wenigstens warm und trocken. Nach knapp zwei Minuten wiederholte sich das Schauspiel. Die wohlgeformte Frauenhand, diesmal entdeckte ich auch einen für Irland typischen Verlobungsring daran, kehrte zurück und streckte mir in ihrer Innenseite das Wechselgeld entgegen. Für einen Moment kam mir die Idee, diese zarte, hilfreiche Hand umzudrehen und sie zu küssen. Ich fand das aber dann doch zu theatralisch, besonders bei Regen, und außerdem handelte es sich ja nicht primär um eine Frauenhand, sondern um eine Postbeamtinnenhand, und da gebietet allein der Respekt vor Behörden und ihren Insassen von solcherlei bürgerlichem Tun abzulassen. Immerhin gelang es mir, ihr durch die muffige und abgestandene Postamtsluft hindurch ein herzliches „Thank you, thank you very much“, hindurch zu rufen und ihr dabei gleichzeitig noch ein wenig von der zwar feuchten, aber auch herrlich frischen Außenluft zukommen zu lassen.

Am nächsten Tag, diesmal rechtzeitig vor der Mittagspause, war ich wieder im Postamt, um auch den Rest meiner zur hübschen Hand gehörenden Briefkastenbekanntschaft zu besichtigen und um mich noch einmal zu bedanken. Die Besichtigung fiel zu meiner vollsten Zufriedenheit aus. Dabei hatte ich nicht nur Gelegenheit, in ihre fröhlichen braunen Augen zu sehen, sondern auch in das vor ihr liegende Briefmarkenalbum. Was für schöne Briefmarken! Ich kaufte sofort von jeder Sorte fünf Stück. Da waren ein Rotkehlchen zu sehen, ein Robin, und ein bunter Stieglitz, eine schwarz-weiße Bachstelze und eine Blaumeise. Und da mußte ich an unsere deutschen Briefmarken denken und an meinen hartnäckigen Kampf mit der Schalterbeamtin, um nicht wieder die traurig und griesgrämig dreinblickende Damenriege auf den Marken zu bekommen: Käthe Kollwitz, Elisabeth Schwarzhaupt, Käthe Strobel, selbst Marlene Dietrich hatte sich der allgemeinen Weltuntergangsstimmung angeschlossen und schaute drein, wie Buster Keaton, der ja bekanntlich nie gelacht haben soll. Schauen mir diese Damen aus ihrem Postgebührenrahmen entgegen, dann ist der Tag für mich so gut wie gelaufen. Es kommt im Gegensatz zu Rotkehlchen, Stieglitz und Blaumeise keinerlei Freude beim Betrachter auf. Und wenn man dann auch noch darauf angewiesen ist, die Damen wegen des Fehlens eines Gummischwammes zwecks Haftung persönlich von hinten anzufeuchten, dann geht man am besten gleich ins Bett, kippt einen Remy Martin über die beleidigte Spucke und verweigert sich seiner Umwelt.

Der letzte Drehtag war gekommen. Er begann um sechs Uhr morgens. Laut Drehbuch war Frühtau vorgesehen auf sattgrünem Klee am kleinen Fluß mit der Ersatzbrücke. Der Drehort lag aber etwa einen Kilometer entfernt von einer Farm, die sich einsam und verlassen an einem Hang eingenistet hatte, der dann steil hinauf stieg zum Carrauntoohil, und der war immerhin dreitausendvierhundert und vierzehn Fuß hoch. Alles deutete darauf hin, daß es ein wunderschöner Tag werden würde, und so entledigte sich die in der Karibik erprobte Crew aller überflüssigen Kleidungsstücke, bevor es mit all dem Filmgepäck hinunterging zu Einstellung „achtzehn die

Erste". Die Fahrzeuge mußten oben auf der Farm zurückbleiben. Unten, am Bächlein entlang, war alles wie gewünscht. Die Sonne stand am richtigen Platz und John-John hatte das Wiesenstück mit seiner Einsteckkunst in ein duftendes Blütenmeer verwandelt. Auch der Frühtau hatte sich pünktlich eingestellt und glitzerte pflichtgemäß, wobei er keinen Unterschied machte zwischen der echten und der Einsteck-Flora. Selbst ein paar Spinnen wollten ohne Honorar mit von der Filmpartie sein und hatten großzügig ihre feinstgesponnenen, kreisrunden Netze für den Frühtau und seine Produktion von Frische-Assoziationen zu Verfügung gestellt. Alles lief glatt und gegen fünf Uhr p. m., also fünf Uhr nachmittags, war alles im Kasten.

Das mußte die Sonne bemerkt haben, denn aus heiterem Himmel legte auch sie plötzlich eine Drehpause ein, verschwand hinter dicken, grauschwarzen Wolken und überließ, ganz offensichtlich abgesprochen, den nächsten Teil der Wettergestaltung dem „occasional shower". Wir mußten erkennen, daß selbst in diesem gottverlassenen, kleinen Seitental die Standardvorhersage der irischen Meteorologen perfekt funktionierte. Dieser Schauer allerdings war es offensichtlich leid, wie all seine Kollegen vor ihm, lediglich als shower auf dieses Stück Erde herniederzufallen und nicht als vollwertiger Regen und hatte sich einiges vorgenommen. Er traf dabei auf eine völlig unvorbereitete Crew, die in ihrer textilen Ausstattung im schärfsten Kontrast zu der rauhen Natur um sie herum stand und einen höchst deplazierten und ziemlich albernen Cote Azur- und Miami-Eindruck machte.

Darauf schien der Schauer, alias Regen aber geradezu gewartet zu haben. Mit wahrer Woll- oder materialgerechter - Wasserlust prasselte er auf die bunten T-Shirts und die karierten Bermudashorts ein, und versetzte diese modischen Prachtstücke in kürzester Zeit in einen Zustand, den man sonst nur von der Wäsche vor dem ersten Schleudergang in der Waschmaschine kennt. Es war traurig, aber auch wiederum beruhigend anzuschauen, wie schnell sich der teuer erkaufte Ruhm von Joop, Leonardo und Jil Sander lediglich unter Zuhilfenahme von genügend Feuchtigkeit in etwas verwandelt, das dem nassen Feudel in der Besenkammer in nichts an Schlappigkeit nachsteht. Im Gegenteil: Ein echter Feudel strahlt auch in diesem Zustand noch eine gewisse Würde aus. Bei unserer Filmcrew strahlte nichts, aber auch gar nichts. Man sah keinen einzigen Würdenträger darunter.

Der Fußmarsch hinauf zum Farmhaus mit den abgestellten Fahrzeugen voller Regenschutzkleidung – man dreht ja schließlich in Irland – betrug etwa zwanzig Minuten. Ich erspare mir hier die interessante physikalisch-mathematische Aufgabe zu stellen, wie naß ist ein deutscher Kameramann, der bei irischem Platzregen von dreißig Litern pro Stunde und Quadratmeter von Punkt A, dem Drehort, zu Punkt B, dem Farmhaus, läuft und diese Strecke von eintausend Metern lediglich in schwarz-weiß karierten Shorts und einem schwarzen T-Shirt mit der Aufschrift „Don't worry - be happy" zurücklegt.

Die Mannschaft kam aber schließlich doch, wenn auch tropfnaß und zerzaust im rettenden Farmhaus an und schlurfte bibbernd vor Naßkälte an den großen und Gott sei Dank warm und hell brennenden Kamin in der bäuerlichen Wohnküche. Da hockten nun all die sechzehn Filmemacher und Darsteller zusammengedrängt auf alten Stühlen und Plastikkästen von „South Kerry Farm Shop" und „Star Seafoods Ltd" und waren ziemlich still.

Dann aber griff die resolute Farmerfrau ein und ordnete an, daß alle ihre nasse Kleidung unter Einhaltung von Moral und Sittlichkeit ablegen und ihr übergeben sollten. Sie wollte sie zum Trocknen bringen. Diesem bäuerlichen Befehl kam jeder nur allzu gern nach, denn wer in nassen Klamotten herumlief, dem hatte Großmutter schon immer vorhergesagt: „Du wirst dir noch den Tod holen!" Das aber wollte keiner, und so zog man sich denn aus und hüllte sich dann in die wunderbar trocken gebliebene und gewachste Regenschutzkleidung aus dem Auto. Die sechs Mädchen mit ihren nassen Beinen, die unten aus der Wachsjacke schauten, sahen darin aus, wie im Pyjama-Oberteil ihres Liebhabers am Morgen danach. Jetzt dauerte es auch nicht mehr lange, bis die allgemeine Stimmung wieder besser wurde und sich die völlig verschütteten Lebensgeister wieder zurückmeldeten. Die Aussicht auf trockene Kleidung und der heiße, dampfende „Toddy", eine Art Rumgrog, aber mit sehr viel irischem Whiskey statt Rum und mit sehr wenig Wasser, taten ein Übriges.

Die ersten Witze klangen auf. Charly, der Aufnahmeleiter und ausgesprochen sozial eingestellte Philanthrop, freute sich darüber, daß unsere Welt eben doch Fortschritte mache, und daß auch untere soziale Schichten, wie hier in dieser abgelegenen Location, – er sprach tatsächlich von „Location" – die Vorteile der Technik und Zivilisation nutzen konnten, um ihre nasse Kleidung auch bei Dauerregen trocknen zu können. Wie auf ein Stichwort ging nach Schluß seiner emphatischen Rede das Licht aus. Es war zwar nicht stockdunkel im Raum, da das Feuer im Kamin brannte, aber es war doch ganz schön duster. Mit vollständiger Kleidung an, hätte man die Stimmung durchaus als „romantisch" bezeichnen können, aber mit „unten ohne" fällt es auch eingefleischten Romantikern schwer, sich ganz ihren Emotionen hinzugeben. Bei Charly und auch bei einigen anderen des Teams kamen geheime Schuldgefühle auf, denn offensichtlich war ja die Stromleitung zusammengebrochen, und es war mehr als naheliegend, daß dies durch die außergewöhnliche Überlastung bei der Trocknung von Kleidungsstücken für sechzehn nicht zum Haushalt gehörigen Personen geschehen war.

Der Farmer John, nicht zu verwechseln mit John-John, der ebenfalls anwesend war, kramte aus seinem Schrank eine Taschenlampe hervor und stieg über die zahlreich im Raum verstreuten Beine beiderlei Geschlechts hinweg in Richtung Tür. Dort war ein hölzerner Kasten angebracht, den John mit seiner Taschenlampe sorgfältig ausleuchtete und untersuchte. Dann erscholl in den Raum hinein, wo alle gespannt warteten, sein selbstsicherer und Hoffnung auf Licht verbreitender Ruf: „That's it!" Er kam zurück in das Zentrum der Hausbelagerung, hielt mit Siegerpose eine kleine, weiße Porzellanröhre hoch und rief triumphierend: „It is the fuse! – Es ist die Sicherung!" Dann fuhr er fort: „Has anybody a piece of chocolate?" Das nun verwunderte alle im halbdunklen Raum doch sehr, denn wie konnte John in solch einer

Der irische
Frühlingsesel

Situation, wo die Dunkelheit um uns herum immer handgreiflicher wurde, an Schokolade denken. Klaus, das Mädchen für alles im Team, hatte Schokolade, und wenn man seine zweiundneunzig Kilo sich jetzt raumfüllend gegen das Kaminfeuer hin erheben sah, dann wußte man, daß Klaus nicht etwa rein zufällig Schokolade bei sich hatte, sondern daß er immer welche bei sich hatte. Er gab den ganzen Riegel mit einem letzten, wehen Blick zu John. Der öffnete ihn vorsichtig, nahm die Schokolade heraus und gab sie zurück an den tiefdankbaren Klaus. Was er aber behielt, und was ihm Klaus sicherlich auch gern überließ, war das Silberpapier. Allein darauf hatte John, der Lichtbringer, es abgesehen. Er riß ein Stück davon ab, wickelte es mit kundigen Fingern um die Sicherung und tapste im Schein der Taschenlampe zurück zum hölzernen Sicherungssilo an der Tür, dem eigentlichen Arbeitsplatz der nunmehr versilberten ehemaligen Porzellansicherung.

John drehte seine Neukomposition hinein und im nächsten Moment brauste der tosende und ungeteilte Beifall der mittlerweile trockenen und Toddy-gefüllten Filmcrew durch den Raum. Das Licht brannte, und wie alle dem strahlenden John bestätigten, weitaus schöner und heller als vorher. Im Gegensatz zum alten Licht genoß diese Innovation jetzt zwar keinerlei Sicherungsschutz mehr, aber wen kümmert das schon, wenn er halbnackt und immer noch ein wenig fröstelnd abends um acht Uhr in einem am Ende der Welt gelegenen, irischen Bauernhaus vor dem Torffeuer sitzt und darüber nachgrübelt, warum der irische Whiskey mit ey und der schottische nur mit y geschrieben wird, ohne e. Das Leben ist ohnehin lebensgefährlich. Und warum soll man nicht einem anständigen und ehrlichen Stück Schokoladenpapier sein Vertrauen schenken.

Die Bäuerin nutzte die wieder erlangte Helligkeit und bahnte sich einen Weg durch das Kaminfeuergelage hindurch zur hinteren Tür. Fünf Minuten später erschien sie wieder und erneut brandete Beifall auf. Auf beiden ausgebreiteten Armen hielt sie einen Klamottenberg, der so groß war, daß sie ihr Kinn in das oberste T-Shirt drücken mußte, damit sie darüber hinweg schauen konnte. Jetzt begann die umjubelte Kleiderausgabe. Nach einigen Verwechselungen

– Rasmus hatte das Hawai-Hemd der Hauptdarstellerin an und die trug statt dessen das schwarze Guinness-Hemd von Charly, dem Aufnahmeleiter, kam dann doch alles wieder in die Reihe, und jeder im Raum hatte seine angestammten und wunderbar warmen und trockenen Kleidungsstücke zurück. Das Team, soweit es das Kaminfeuer und die Sechzig-Watt-Glühbirne erkennen ließen, erstrahlte zwar nicht mehr im alten Glanz, aber doch immerhin in einem, der besser war als derjenige, der von Leuten ausgeht, die in der Unterhose und nur spärlich durch eine Regenjacke bedeckt, vor dem Feuer sitzen.

Einen kleinen Haken hatte die Geschichte allerdings doch. In der ersten großen Freude über die wiedergewonnene Kleidung und Zivilisation, hatte man dem durchaus nicht unangenehmen Geruch im Raum nach Kuh keine große Bedeutung beigemessen. Dieser Naturduft war sicherlich zusammen mit der Bäuerin durch die geöffnete Tür hereingekommen. Das, wie sich später herausstellte, war er zwar, aber nicht auf eigenen Geruchsflügeln, die vom benachbarten Kuhstall hereinschwebten, sondern er war integrierter Bestandteil sämtlicher Kleidungsstücke nach dem Trocknen. Jedes einzelne Stück Hose oder Hemd hatte nämlich zwecks Trocknung drei Stunden lang auf „Betty“, „Jane“, „Rose“ oder „Milly“ gelegen. Die hatten mit ihrer eingebauten Warmblut-Volldampf-Anlage die ihnen übertragenen Aufgaben ohne jede Einschränkung und friedlich wiederkäuend gelöst. Jetzt hatte die bunt zusammengewürfelte und sehr individuelle Crew wirklich etwas, das sie meilenweit und noch gegen den Wind unüberriechbar verband. Wie Tiere in der freien Wildbahn ihre Familienangehörigen unfehlbar am Geruch erkennen können, so konnte das auch Rasmus jetzt bei seinem Team. Sie allesamt sahen jetzt nicht nur so aus wie vom Film, nein, sie rochen auch so, und zwar nach „Kerry Cow Eau d' île verte“.

Das wäre ja eigentlich schon, wie ich meine, ein ganz passabler Schluß für einen etwas anderen Filmdreh in Irland und für ein Buch mit irischen Geschichten. Aber das Leben wollte es wieder einmal anders und fügte noch eine Geschichte hinzu die es verdient, angehängt zu werden. Der Autor verstößt zwar damit gegen gängige

Regeln, weil er sich der Anwendung des Doppelschlusses schuldig macht, aber sei's drum:

Rasmus war mit seinem Filmmaterial, seiner Crew und all den Fahrzeugen wieder heil in Deutschland angekommen. Den Crew-Mitgliedern sah man die in Irland gemachten Erfahrungen mit den Irish Coffees, den Toddys und den Pints of Guinness nicht mehr an. Sie waren alle hart im Nehmen und im Wegstecken. Nicht so bei den Autos. Sie zeigten sich nach wie vor befremdet über den in Irland herrschenden Linksverkehr und drückten ihr Befremden darüber unübersehbar durch Beulen und Schrammen aus, alle an der linken Wagenseite. Der Film für „Irischer Frühling" wurde sehr schön und der Kunde war begeistert. Sogar der Produktmanager zeigte sich hoch zufrieden und rang sich beim Abschied sogar ein „Thank you" ab. Er weiß aber mittlerweile, daß er wieder in Deutschland ist.

Nach drei Monaten machte man im Produktionshaus Inventur. Ordnung muß sein, denn wir sind hier in Deutschland. Es war alles da, bis auf einen Koffer, einen Aluminiumkoffer mit wertvoller Kamera und Zubehör. Verloren? – Gestohlen? – Rasmus ruft überall an, wo seine Teams in der letzten Zeit gedreht haben. Nichts! Zum Schluß, und eigentlich nur der Vollständigkeit halber, ruft er auch noch einmal im Hotel Glenbeigh in Irland an. Das fröhliche und tanzfreudige Mädchen Patricia ist am Telefon. Sie hört den Namen von Rasmus und fragt sogleich: „When do you come back? – Das Wetter ist großartig und ihr könnt jeden Tag drehen." Dann macht Rasmus sie mit dem eigentlichen Grund seines Anrufes vertraut: „Ein silberner Koffer ist weg, mit einer Kamera? – What was your room number?" Rasmus erstaunt diese Frage ein wenig, aber er geht nicht auf nähere Details ein und erinnert sich. „Oh, number nineteen, – wait a moment, Mister Rasmus, wait a moment." Rasmus hört, wie der Hörer temperamentvoll auf den Connemara-Marmor-Tisch aufgelegt wird, dann das Trappeln sich entfernender Holzpantinen, dann das Zurücktrappeln und dann die etwas atemlos fröhliche Stimme: „Yes, the silver box is there. It is there." Wieviele Gäste hatten diesen Koffer wohl in den letzten drei Monaten gesehen? Er war da und im selben Zustand, wie er ihn verlassen hatte im unverschlossenen Zimmer Nummer neunzehn ohne Schlüssel. Keiner hatte sich um diesen Koffer gekümmert. Das Zimmermädchen nicht und auch die Gäste nicht. Ja, auch das ist Irland, und zwar ganz echtes und typisches Irland.

Und damit enden meine Geschichten aus Irland nun wirklich. Sie enden, wie der Titel es angekündigt hat, nach vielen „occasional showers", mit einem richtig dicken und rundherum schönen und herzerwärmenden „Sunny spell". Alles, alles Gute, Irland, thank you and God bless.

Inhalt

Vorwort	5
Der Hauskauf – ... fragen Sie Ihren Arzt oder Apotheker	8
Der Notar – Justitia mit menschlichem Antlitz	19
Paddy als solcher – Gottvaters handgeschöpfte Alternative	32
Paddy und der Lawnmower – Feindschaft auf den ersten Blick	42
Paddy und die Frauen – Liebe ist, – wenn ... Ach ja!	48
Paddy und der große „rock" – Wo gehebelt wird, da fallen Paddys	54
Paddy und der Doktor – Krank sein kann schön sein	61
Kevin in Seenot – Wie man Freunde gewinnt	68
Das Telegramm – Große Ereignisse werfen ihre Schatten auch noch hinterher	74
Die Nachricht – Keine Nachricht ist auch eine Nachricht	79
James im Paradies – Und er redete mit den Tieren	84
Mugil capito – Von Fischen, Fischfang und Familie Fröhlich	95
Jerry the dancer – Engel tanzen, bevor sie fliegen	105
Handwerker – Erdbeben, Flutkatastrophen und Handwerker sind vom Versicherungsschutz ausgeschlossen	121
Jack, der Fliesenleger – Always trouble with the foreigners	124
Jeremy der Tischler – Tote sind auch nicht mehr das, was sie mal waren	130
Larry der Polsterer – Indianer und irische Sessel kennen keinen Schmerz	136
Peter der Mechaniker – Aku-bäng-tur für Waschmaschinen	142
Jimmy der Elektriker – Über den Einfluß der Frau auf das Elektrogewerbe	148
Don der Glaser – Trau keinem Diamanten nicht	152
Brendan der Steinmetz – Du mußt die Sprache der Steine sprechen	159
McCarthy the Builder – Gut Tisch will Weile haben	166

Ton ab – Kamera – Action! – Von einem, der auszog, einen Film zu drehen … in Irland 175
Über den Autor 193
Über Rainer Liebold 194

Über den Autor

Christoph Fechler, am 21.12.1924 im Erzgebirge geboren, reimte schon Gedichte, noch ehe er schreiben konnte. Eigentlich, so sagt er, sei er kein Schreiber, sondern viel eher ein Wortbildhauer und Fabulierer, der am liebsten Förster geworden wäre. Seine Biografie: Abitur, Arbeitsdienst, Wehrmacht, Krieg, Gefangenschaft in der Sowjetunion bis 1949. Bei Nacht und Nebel Flucht über die Grenze in den Westen, weg von Sozialismus und Kommunismus. Als Spätheimkehrer zuzugsberechtigt, ging er nach Hamburg. Zwei Jahre lang schlief er im Pik-As, dem berühmt-berüchtigten Obdachlosenasyl der Hansestadt. Er schlug sich als freier und bettelarmer Mitarbeiter bei Zeitungen und beim Hörfunk durch. Nach dem Abendstudium als Stipendiat an der Werbefachschule schrieb er für die „WELT". Und immer wieder drängte es ihn zum Niederschreiben von Satiren, Kabaretttexten, Gedichten, Liedern, Drehbüchern, Theaterstücken und Fachartikeln. 20 Jahre lang war er Geschäftsführer und Kreativdirektor bei Deutschlands damals größter Werbeagentur, der LINTAS. Es folgten viele Auslandsaufenthalte, und er hat nach wie vor „weißes Papier vollgemacht" (Originalton). Seit 1983 ist er freier Journalist, Autor und Kommunikationsberater und seit 1972 festintegrierter Teilzeitbeschäftigter als Fischer, Farmer und Pubbesucher auf der grünen Insel im County Kerry.

Über Rainer Liebold

1926 in Leipzig geboren, lebt er seit 1948 in Hamburg. Eigentlich malt er seit vielen Jahren nur noch Bilder von seiner norddeutschen Umgebung und von den Ländern, die er bereist. So auch von Italien, wo er die Hälfte des Jahres verbringt und von Menschen, die er mag. Früher, nach seinem Studium an den Kunsthochschulen in Leipzig und Hamburg, früher also, da hat er viel illustriert, von Balzac bis Steinbeck, vom Zeitungsroman bis zum Reisebericht. Werbung hat er auch gemacht, ziemlich erfolgreich, wie Fechler, in der LINTAS. „Und nun kamen da plötzlich diese irischen Geschichten auf mich zu. Und weil ich Irland und die Iren einmal kennengelernt habe, weil ich diese bilder- und farbenreichen Erzählungen sofort gern hatte, weil ich es genoß, wie humorvoll Fechler diese Menschen beschreibt, ohne sich je über sie lustig zu machen, deshalb habe ich es nach so langer Zeit wieder getan: Ich habe illustriert, und das mit dem größten Vergnügen."